双赢谈判

[美] 塞缪尔·丁纳尔 ✕ 劳伦斯·萨斯坎德 著
（Samuel Dinnar）　（Lawrence Susskind）

王麒达 译

ENTREPRENEURIAL NEGOTIATION
Understanding and Managing the Relationships
That Determine Your Entrepreneurial Success

中国原子能出版社　中国科学技术出版社
·北　京·

ENTREPRENEURIAL NEGOTATION: Understanding and Managing the Relationships That Determine Your Entrepreneurial Success by Samuel Dinnar and Lawrence Susskind
Simplified Chinese translation copyright @ 2023 by China Science and Technology Press Co., Ltd and China Atomic Energy Publishing & Media Company Limited.
Published by arrangement with authors c/o Levine Greenberg Rostan Literary Agency through Bardon-Chinese Media Agency.
All rights reserved.
北京市版权局著作权合同登记　图字：01-2023-4913。

图书在版编目（CIP）数据

双赢谈判/（美）塞缪尔·丁纳尔（Samuel Dinnar），（美）劳伦斯·萨斯坎德（Lawrence Susskind）著；王麒达译.—北京：中国原子能出版社：中国科学技术出版社，2023.10

书名原文：Entrepreneurial Negotiation: Understanding and Managing the Relationships That Determine Your Entrepreneurial Success

ISBN 978-7-5221-2936-5

Ⅰ.①双… Ⅱ.①塞…②劳…③王… Ⅲ.①谈判学—通俗读物Ⅳ.① C912.3-49

中国国家版本馆 CIP 数据核字 (2023) 第 155729 号

策划编辑	赵　嵘	文字编辑	孙倩倩
责任编辑	付　凯	版式设计	蚂蚁设计
封面设计	仙境设计	责任印制	赵　明　李晓霖
责任校对	冯莲凤　吕传新		

出　　版	中国原子能出版社　中国科学技术出版社
发　　行	中国原子能出版社　中国科学技术出版社有限公司发行部
地　　址	北京市海淀区中关村南大街 16 号
邮　　编	100081
发行电话	010-62173865
传　　真	010-62173081
网　　址	http://www.cspbooks.com.cn

开　　本	880mm×1230mm　1/32
字　　数	218 千字
印　　张	10.5
版　　次	2023 年 10 月第 1 版
印　　次	2023 年 10 月第 1 次印刷
印　　刷	北京华联印刷有限公司
书　　号	ISBN 978-7-5221-2936-5
定　　价	79.00 元

（凡购买本社图书，如有缺页、倒页、脱页者，本社发行部负责调换）

谨以此书献给我们生命中遇到的所有创业者：我们倾听你们的声音，观察你们的经历，与你们一同感受协议达成的喜悦和谈判失败的痛苦，这为我们继续学习、教授和实践商业谈判提供了强大的动力。

★★★ 大咖推荐 ★★★

每一个参与商品买卖或想要建立合作关系的人都应该阅读这本书。很多商业活动都需要人们进行谈判,而且很多商业活动都比人们想象得更加复杂。本书提供了实用的指导意见、事项检查清单和建议。它告诉我们,人人都可以通过缜密的思考提升效率。

—— 霍华德·史蒂文森(Howard Stevenson)

哈佛大学商学院荣誉教授,鲍波斯特集团创始人及首任总裁,私人企业成长资金的积极投资者,被《福布斯》(*Forbes*)杂志誉为"创业雄狮"

丁纳尔和萨斯坎德通过法伦和费尔南多这两位公司创始人的经历,从本能、情感、法律和实践层面出发,讲述了一个跌宕起伏的创业故事,反映了大多数创业者的真实经历。他们通过这样的构思带领读者分析数据、资源等,让读者从中获取实用经验,从而解决自己在创业过程中遇到的类似问题。

—— 海迪·罗伊森(Heidi Roizen)

硅谷资深企业家、执行总裁和董事会成员,德丰杰风险投资公司风险投资运营伙伴,斯坦福大学讲师兼企业家领袖奖学金项目联合负责人,2008年女性企业家论坛和执行官年度成就奖得主

每一位创业者——毫不夸张地说,每一个创办企业的人——都

应该阅读本书。丁纳尔和萨斯坎德不仅指出了创业过程中经常遇到的问题，还将有关谈判的中肯建议具体化并用图表展现出来。

—— 罗伯特·芒金（Robert Mnookin）
哈佛大学法学院谈判项目主席，哈佛谈判项目负责人，著有《谈判致胜》（*Bargaining with the Devil: When to Negotiate, When to Fight*）

本书作者给风险投资行业送来了一份特殊的礼物——一种可以提升企业家沟通效果、改善人际关系、推进协商过程及取得经营成效的通用语言和有效框架。一般来说，我更愿意给擅长谈判的企业家提供资金，我相信这样的人有能力解决创业过程中遇到的各种复杂而又难以预测的人际关系问题，并领导企业发展壮大。本书为读者提供了一种实用、有效的框架，可以帮助创业者牢牢把握住机会。书中介绍的方法可以给企业家带来更满意的结果，给投资者带来更高的回报，并为世界营造出更和谐的氛围。本书以独特的方式将理论与实践结合在一起，每一位企业家和风险投资人都能从中受益。

—— 保罗·麦德（Paul Maeder）
高原资本公司总裁兼创始合伙人，美国风险投资协会前主席，美国证券交易委员会的小型和新兴公司咨询委员，被《福布斯》全球最佳创投人榜评为"业内顶尖风险投资人之一"

无论是志在创业的人，还是经验丰富的企业家，都能从本书中得到很多收获！丁纳尔和萨斯坎德运用自身通过谈判实践和学术研究积累下来的丰富经验和广博知识，为读者提供了大量的谈判建议。此外，他们还详尽地列举了谈判过程中的各种相关因素，如性别和文化因素等。

—— 汉娜·莱利·鲍里斯（Hannah Riley Bowles）
　　管理、领导和决策领域的研究专家，哈佛大学肯尼迪政治学院女性与公共政策系主任

　　创业公司领袖需要经常与投资者、员工、代理和客户打交道。我总结多年经验得出结论，即判断一位企业家能否成功，关键要看他能否妥善处理各种不同的人际关系。

　　丁纳尔和萨斯坎德将企业家精神、谈判技巧和领导方法全部融会在本书中，希望可以帮助更多的企业家获得成功。他们对企业家面临的境况进行了生动的阐述，能够帮助读者打下良好的基础，加深读者对谈判之道的理解。我坚信大家都可以通过提高谈判技能来更好地建立人际关系，成为更优秀的领导者，并取得更加丰厚的商业成果。

　　也许你是一位创业者，也许你正有创业的打算，也许你只是需要应对某个人，无论处于哪种情况，本书都很适合你，我本人和我在麻省理工学院的学生都从书中受益匪浅，相信你也一定会有所收获。

—— 爱德华·罗伯茨（Edward Roberts）
　　麻省理工学院斯隆管理学院马丁信托创业中心创始人兼主席，多家高科技企业的创始人和业内顶尖的天使投资人，著有具有理论开创性的《高科技领域的创业者》（*Entrepreneurs in High Technology*）等十余本著作

本书对弱势群体帮助很大，因为其中讲述的就是这样的人会遇到的问题。本书讲述了一个完整的案例，简明地总结了相关数据，并将实用建议贯穿其中。本书是各个阶段企业家的必读书，包括考虑创立第一家企业的创业新人、努力稳定企业发展的企业主，以及计划创办第二家或第三家公司的企业家。创业领域的相关顾问也可以将本书作为重要的工具书，其中描述了各种贴近现实的情境，也提供了应对困难局面的方法。本书提供了一个框架，可以帮助读者在动荡不安的创业阶段保持沉着冷静。

—— 莉蒂亚·维拉-科马罗夫（Lydia Villa-Komaroff）Cytonome/ST 公司（一家细胞净化解决方案公司）创始人、前首席执行官兼首席安全官，美国国家科学研究委员会科学、工程与医学领域女性常设委员会成员，美国国家科学基金会科学与工程领域机会公平委员会成员，西班牙裔工程师美国成就名人堂成员，2016 年麻省理工学院科学技术项目埃尔廷·莫里森奖得主

企业家的关键任务，就是说服其他人完成某项任务以达成某些目标（如投入资金、加入企业、购买商品等）。可以说，创业本身就是一场规模巨大的分散式谈判，除此之外的其他事务就只有管理企业。但是，大部分企业家在开始创业时都只具备自学而来的一点基础性的谈判知识，而且往往有很多认知偏差。在本书中，丁纳尔和萨斯坎德列举了企业家会面临的情况，以范例、框架和讨论相结合的方式帮助读者走向成功，避免落入失败的窘境和造

成不可挽回的后果。书中指出，典型的创业乐观心态可能会促使人们做出糟糕的谈判决策，情绪可能对各方的行为产生影响，只这两点，就是创业者所需的金玉良言。所有不具备谈判经验的企业家都应该阅读本书，经验丰富的企业家也能通过此书回顾谈判的基本原则，并重新梳理可能面对的各种情况。

—— 斯坦·J. 赖斯（Stan J. Reiss）
经纬创投投资管理顾问有限公司合伙人，麦肯锡咨询公司前经理兼顾问

对想要创立成功企业和推动行业发展的企业家来说，谈判是一项重要的技能。本书实用性很强，列举了很多的范例和技巧，丁纳尔和萨斯坎德着重阐述了企业家常犯的错误，提取出创业各个阶段遇到的谈判问题，总结了宝贵的经验教训，立志创业和经验丰富的企业家都应该读一读本书。

—— 威廉·尤里（William Ury）
《谈判力》（*Getting to Yes*）合著者，哈佛谈判项目联合创立者

无论你在起草商业构思，还是想要追求短期可行性成果或长期成果，都应该读一读本书。本书可以帮助你发现创业中的陷阱，使合作人、天使投资人、风险投资公司、重要员工和早期客户等关键人物发挥最大的潜力。无论你是刚刚创建企业，还是想要推动公司进入下一个发展阶段，都应该将本书列为整个管理团队的必读书。

—— 希拉·汉（Sheila Heen）
Triad 咨询公司联合创始人，哈佛大学法学院讲师，《高难度

双赢谈判

谈话》(Difficult Conversations)和《感恩反馈》(Thanks for the Feedback)的合著者

作为企业创始人兼首席执行官,我见证了自己的企业从零开始一步步发展成为业务和员工遍布全球的大型企业,我的梦想变成了现实。我的很多校友在全球各地攻克了难题,也有些校友最后不得不关掉了自己的企业。正如本书所说,一家创业公司的成功很大程度上取决于企业家理解和掌控关键性人际关系的能力。我和我的合伙人每年都要指导和帮助数百名创业者做出判断。我们发现,很多创业者在实践梦想的过程中都会出现书中描述的8种错误行为。有些人太以自我为中心,有些人不惜一切代价获取"胜利",甚至在此过程中否定自己的情绪。我见过很多创始人单凭胆识和直觉经营着初创企业,没有掌握任何实质性的谈判框架。我认为他们有能力——而且应该——做得更好。本书可以作为企业家的"关键任务",也可以给想要与初创企业合作的个人和公司提供很好的建议。本书呈现了很多真知灼见和实用建议,可以帮助读者搭建关键性人际关系、修正自身的认知偏差,并为企业的沟通活动提供指导,从而提升企业的影响力,帮助初创企业实现突破。

—— 约翰·哈桑(John Harthorne)
"大众挑战赛"创始人兼首席执行官,2007年麻省理工学院10万美元创业计划大赛优胜者,世界经济论坛2013年全球青年领袖

前　言
普通人如何看待创业精神

　　创业公司领袖需要经常与投资者、员工、代理和客户打交道。我通过总结多年经验得出以下结论：一位企业家能否成功，关键要看他能否妥善处理各种不同的人际关系。而能否实现有效沟通，关键在于是否具备高超的谈判技巧。

　　几十年来，我一直以自己的理念为基础开展以"企业家精神"为主题的教学工作。然而，丁纳尔和萨斯坎德向我表述了他们的不同观点。他们认为企业家在走向成功或最终失败的过程中需要不断进行谈判，因此两人将谈判技巧视为关键性的创业技能。我当然认同谈判技巧是企业家需要掌握的几种重要技能之一，我也知道丁纳尔和萨斯坎德都在各自的领域中取得了巨大的成就，他们分别是哈佛大学和麻省理工学院非常优秀的谈判课程讲师。我知道他们作为调停人发挥了很大的作用。商业纠纷有时会导致优秀的商业人才被埋没，而他们可以通过调停人的工作从独特的视角对商业纠纷进行解析。丁纳尔和萨斯坎德可以帮助相关方发现工作中的压力来源，通过评估发现已经出现的错误，并发掘人们扭转颓势的能力，从而拯救这些处于危难边缘的创业企业。每次听到有成长中的企业将"争论"作为制定决策的手段时，我都会感到痛心。明智的企业不会消除企业内部的不同声音，而会以某种方式鼓励企业内部建立合作关系，从而实现总体目标。这需要企业家从中调和，引导不同的团队发挥出最大的潜力，为实现企业的总体目标做出贡献。

本书为读者提供了一种非常实用的框架，可以帮助读者通过谈判之道深入了解企业家精神。丁纳尔和萨斯坎德以实践经验为基础，讲述了一个非常出色的案例，让读者可以通过案例学习谈判技能。实际上，在阅读本书之前，我并不清楚该怎么解释谈判技巧的重要性，而现在，我在这方面的知识增加了——这对我这个年近古稀的人来说可并不容易！企业家需要不断地学习、打磨、保持和练习自己的谈判技巧。每位企业家都有自己的学习方式，也会找到适合自己的练习方法。谈判是人类的一种能力，因此会受到个人文化、价值观以及社会的影响。但人人都会学习，都会通过实践来学习。失败并不是学习的必要途径。企业家可以从自己的错误经验、对失败的顾虑以及其他人的失败经历中学习。丁纳尔和萨斯坎德在调研过程中采访了很多企业家，收集到了各种各样的实践经验。其中有些接受采访的公司创始人也是我的投资对象，还有些人我略有耳闻。克服困难或者挽回败局的真实故事往往极具震撼力。我看到书中的一些案例也会感到动容，这些案例证明，企业家经常会犯一些典型的错误。

我在接受采访的时候也讲述了自己在创业过程中犯过的错误，真希望当初在事业起步之时，我也能得到他人在谈判技巧方面给予的指导。对我来说，事业的起步要追溯到五十多年前，当时我被认为是一名饶有天分的计算机程序设计员，与另外三个人共同创立了医学信息科技公司Meditech。当时的医疗系统业务主要采用纸质文件记录，因此很容易出错，我们当时打算利用尖端计算机技术和一种新的计算机语言来改进医疗流程。我在这家公

前言
普通人如何看待创业精神

司的工作属于兼职，在麻省理工学院的工作才属于全职。我记得很清楚，在商讨创始人股权分配的时候，我就犯了个错误——妥协得太快了。在公司发展的过程中，我们几个人都犯过错误。但是我们逐渐学会了靠合作来解决问题，而不是持续做出让步。经过多年的磨合，我们掌握了彼此之间的相处之道，逐渐适应了周围环境包括创新技术、法律法规、市场和客户期望等的不断变化。因此，五十多年后的今天，这家公司依然是医疗信息技术领域的重要企业，员工已经达到数千人，而且保持着不错的赢利能力。

然而，学无止境。我作为公司的赞助人，至今仍然会在谈判过程中犯错。我在读到成书之后对丁纳尔和萨斯坎德提出的第一个要求，就是请他们到麻省理工学院来，给创业与创新分支的学生讲一堂课。这是一项简单的双赢请求，但我很快又提高了要求，询问他们能否考虑为麻省理工学院怀揣梦想的年轻企业家开设一门有关商业谈判的课程。

丁纳尔和萨斯坎德对企业家面临的境况进行了生动的阐述，能够帮助读者打下良好的基础，加深读者对谈判之道的理解。书中不仅描述了精彩的故事、参考性的学术实验，还提供了实践指导，可以帮助读者规避或发现常见的高危谈判错误并适当挽救。读者可以从中学习一些创业技巧。这本书可以提升读者对创业精神的理解，帮助读者更好地应对创业过程中不确定和复杂的事务。我坚信大家都可以通过提高谈判技能更好地建立人际关系，成为更优秀的领导者，取得更加丰厚的商业成果。

企业家精神已经成为全球经济的重要组成部分。我们已经在麻省理工学院培养了大批的学生和高级管理人员，其中很多人都选择了创业。我在最近的研究项目［2015年我与菲奥娜·默里（Fiona Murray）和丹尼尔·金（Daniel Kim）共同发表论文］中了解到，麻省理工学院校友创立的公司，仍在经营的已超过3万家，总员工人数大约为460万人，年收益总额将近20000亿美元。如今创业中心和相关计划遍布全球各地，我对此感到非常欣慰。同时，我很高兴看到丁纳尔和萨斯坎德将企业家精神、谈判技巧和领导方法融入本书中，希望可以帮助更多的企业家取得成功。

爱德华·罗伯茨[1]

---

[1] 爱德华·罗伯茨是技术管理专业的大卫·沙诺夫成就教授，也是麻省理工学院斯隆管理学院马丁信托创业中心的创始人兼主席。罗伯茨是先进技术管理和创业领域的专家，成立了多家高科技企业，同时也是业内顶尖的天使投资人，曾经撰写过一本有关高科技企业创立和成长的著作《高科技领域的创业者》。这是业内第一本以调研为基础、专门针对高科技创业企业的著作。此外，他还撰写了160篇文章和11本著作。

目 录

第 1 章　创业历程：顺境、逆境与困境　001

顺境：创始人合作之初　-003
逆境：天使资金和投资人的介入　-006
困境：祸起萧墙　-009
如何使用这本书　-013
更好的结局：不一样的创业成果　-015

第 2 章　创业宇宙　021

创业的几个阶段：从种子到退出　-023
善于谈判的创业者成功的机会更大　-030
创业宇宙图景描绘　-032
发起变革，乘风而上　-042
创新并不意味着重新发明每一个零件　-044
谈判是一种至关重要的创业能力　-047
谈判过程中的阶段性成果　-063

第 3 章　创业者的谈判　067

创业者必须承担风险　-069
曾经有助于你成功的习惯也可能给你带来麻烦　-071

创业谈判技巧是可以学习的 -073
更好的谈判成就更优秀的领导者 -076
创业者谈判时最常犯的 8 个错误 -083
如何利用后续的分享案例 -091

第 4 章 痛定思痛：企业家谈失误　　093

案例 1：自我中心主义者的种子轮推介 -098
案例 2：种子阶段过于乐观，未能如愿引来投资 -107
案例 3：第一份条款说明书的谈判胜利 -119
案例 4：妥协是为了更快地成长 -131
案例 5：孤军奋战又没有做好卖掉公司的准备 -141
案例 6：尽力交涉，为起步阶段争取更大空间 -153
案例 7：凭直觉转变目标市场方向 -165
案例 8：不带情绪色彩地出售公司 -175
对于以上 8 个案例的反思 -189

第 5 章 重塑创业宇宙：预防、发现和应对你的错误　　195

创业是一个不断谈判的过程 -197
与不同类型的参与者谈判 -200
在错误发生前预防错误 -205
在犯错时及时发现错误 -214
每次谈判结束后对错误进行反思 -235
克服性别偏见和文化差异的挑战 -243

第6章　了解你的创业自我　273

了解你的谈判自我　-275
如何应对常见错误　-276
培养必要的能力　-277
不断反思自己的实践理论　-281
继续进步　-283
快速提升个人能力　-284
建立和支持你的团队　-286
把双赢法告诉更多人　-286

附录　-287

致谢　-312

作者简介　-315

第1章
创业历程:顺境、逆境与困境
CHAPTER 1

第 1 章
创业历程：顺境、逆境与困境

顺境：创始人合作之初

法伦是一位经验丰富的工程师，刚为自己的一项新发明申请了专利。

费尔南多是一位从业多年的企业高管，在市场和营销方面的阅历十分丰富。他当时正在寻找新的商机，并且有足够的资金去投资一家新公司。法伦的"概念验证原型机"实用性很强，而且她还撰写了出色的商业计划，并精心准备了介绍资料。在一次晚餐聚会中，法伦的一位前同事把她介绍给了费尔南多。两人相谈甚欢，互相欣赏，而且都认为如果他们能一起合作，或许可以创造出更高的价值，于是他们考虑共同创办一家新的公司。

在两人第一次正式谈判之前，法伦和费尔南多都花了不少时间做准备，希望把各自的权益划分清晰，也就是说，把两人各自最看重的方面说清楚。他们认真思考公司股东的退出机制，换句话说就是，他们应该如何从公司退出来而不需要被迫接受某种商业协议。他们的两个退出方案，也就是谈判家们经常说的"交易空间"或"可达成协议空间"。

法伦请教了一位自己信赖的商业顾问，并和该顾问一起，根据她期望所创设公司的商业价值，估算出了可能达到的商业目标。这位顾问建议法伦认真考虑自己可以接受的、最低限度的协议标准，并告诉她，这叫"最佳替代方案"（BATNA）。法伦向顾问承诺，她在得到这位顾问和律师的咨询意见之前不会做出最终承诺。这些人就组成了她的智囊团。法伦还收集了很多有关费尔南多本人以及他以前工作经历的信息，认真评估了费尔南多可能提出的利益要求和他的最佳替代方案。

与此同时，费尔南多也进行了尽职调查。他把能找到的有关法伦以及她的发明的所有信息都收集到一起，并向自己的顾问介绍了法伦的这项发明。他请教了以前的几位客户，想评估一下，如果自己转移到新的事业方向，这些人成为新公司客户的可能性有多大。这几位客户鼓励他可以深入了解一下可能性，但是不要轻易做出承诺。这些人组成了费尔南多的智囊团。

费尔南多和法伦都考虑通过代理人进行谈判。因为法伦担心自己在金融方面没有足够的经验，可能会感性战胜理性，影响谈判的结果。而费尔南多则担心自己在技术方面不够专业。他知道，无论自己积累了多少经验，都有可能因为认知偏差而对法伦传达的信息产生误解。

费尔南多和法伦就谈判议程达成了一致。谈判内容包括：他们各自对公司都可能会有哪些贡献、所创设公司的未来估值、收益的分配，以及面对无法避免的风险应该如何应对。法伦和费尔南多都希望站在各自的立场上尽量解释清楚，他们为了各自的最大利益可以为公司付出什么。

第 1 章
创业历程：顺境、逆境与困境

最后，两人终于偕同代理人一起出席了谈判，并且在一开始就制定了谈判规则，阐明了谈判的基本原则以及所适用的保密规范。在进入核心内容的商谈之后，他们发现意见分歧还是很大的。分歧主要在于他们对公司产品和服务的市场规模有各自不同的想法。还有一个分歧点是，费尔南多应该获得多少权益股以及适用的股权兑现方式，也就是说，费尔南多在各个时期分别应该得到多少公司股份，以及如果他提前退出将获得多少承诺股权。两人都认为，他们必须重新考虑谈判的议程。于是二人商定，将在此次会谈结束后进行联合调研，进一步收集双方都认为可信的信息。他们还考虑签订一些附加协议，这样双方虽然对未来的发展抱有不同的意见，但仍然可以继续进行磋商。他们假设了很多未来可能出现的情况，这种做法也被称为"无承诺设想"。两人针对每个议程项目设计出了很多不同的选项，并根据重要程度进行了排序。然后他们将这些选项分别划入不同的方案，并根据两人的利益重点为每一种方案找出更多可能的合作方式。最后，他们还谈到，任何合作协议都必须包含一条争议解决条款，只有这样才能在双方出现意见分歧时让问题得以迅速解决。

两人进行了多次协商，并与各自的智囊团成员交换了意见，最后终于达成了协议。法伦认为谈判的结果对自己非常有利。这份协议承诺的权益比她的最佳替代方案要高很多，几乎满足了她所有的要求。费尔南多的谈判结果也得到了智囊团成员的认可。他和法伦在协议中列举了各种突发状况，并承诺此后的关键性决策都要由两人共同制定。虽然协议并没有满足费尔南多的所有要求,但是他认为这套方案值得一试。法伦答应给他一定程度的控制权限,由于他承担的风险比较高,法伦也答应可以视情况给他更高的回报。

法伦和费尔南多在谈判时坚守各自的立场,但也会认真听取对方的意见并给予对方充分的尊重。他们找到了各自的合作价值,也取得了不错的成果。双方的谈话非常愉快并最终达成了协议。现在,两人都成了这家种子阶段公司的创始人,并且建立了良好的关系,未来将进一步开展合作。

逆境:天使资金和投资人的介入

法伦和费尔南多为这家种子阶段的公司起好了名字。费尔南多说服了自己的叔叔为新公司投资,这笔钱足够他们两人在运营最初的几个月拿到一份不错的薪资。法伦非常高兴。他们一起根据发展愿景拟定了商业计划和融资演讲稿,并在一份简短的执行摘要中阐明了各自对公司未来发展的看法。为了能给公司的起步阶段留有更多的余地,他们拜访了一位知名的天使投资人,这位天使投资人对相关市场非常了解,也明白他们的发展预期。他同意投入一笔可观的资金,但坚持认为这家初创公司的价值并不高。法伦和费尔南多非常犹豫。他们并不想

第1章
创业历程：顺境、逆境与困境

将这么多的股权分给天使投资人，并认为这位投资人在有意拉低公司的谈判价值，于是在反馈时提出了比较高的企业估值。双方见了几次面，又通过邮件继续讨价还价，最终各自做出妥协，确定了一个中间值。随后，天使投资人的律师发来一份简短的投资协议，法伦对其中的一些条款不是很满意，尤其协议中声明，这位天使投资人拥有高于未来投资者的一票否决权。她与费尔南多商量之后决定，为了避免未来发生冲突，还是接受天使投资人提出的条件。

事情的顺利推进让两人看到了希望，他们找到一些资源来实施自己的计划，并完善了营销材料，然后在当地的创业竞赛中做了一次融资演讲，还赢得了一等奖！奖品就是他们可以入驻一处著名的企业孵化基地，在那里完善自己的设想，并进一步拓宽自己的专业网络。天使投资人给法伦介绍了一位相关领域的顶级律师，并且说服这位律师以优惠的价格为他们提供服务。协议文件很快就拟定好了。费尔南多因为个人原因无法到基地工作，所以只能通过电话和视频会议参与相关讨论。费尔南多不在，孵化基地内的各项事务进展又非常快，所以很多事情只能由法伦独自做出决定。费尔南多则将工作重点放在了新产品开发以及与本地承包商和优秀人才的沟通方面，偶尔会与自己的叔叔和天使投资人见面。一次，他又跟这两个人见了面，随后就给法伦发了一封邮件，说他们三人并不认同法伦此前的一个决定。法伦感到非常意外，但决定还是不要小题大做。之后的几个星期又出现了不少公司管控方面的问题，都没有得到很好的解决。这段时间公司内外传来了不少好消息,两人之间的紧张气氛也逐渐消散了。费尔南多说服业内一位顶尖的软件开发人员接受了公司的技术主管职位,另外还有几位出色的开发人员也进入了公司。人才的流入提高了公司开发出优质产品的概率,也强化了未来可期的企业形象,这有利于进一步吸引人才。费尔南多完成了必要的背景调查,并与这位新的技术主管签订了合约,以书面形式承诺为他提供丰厚的股权份额,同时又以口头形式说明了他的近期工资待遇和远期职业发展。与此同时,法伦也在努力工作。她借助孵化基地优质的专业网络与第一位客户签订了购销协议!但两个人在此时出现了意见分歧。法伦认为费尔南多给这位技术主管开出的条件实在太丰厚了,而费尔南多则认为法伦承诺给客户的产品参数太高,而且约定的交货时间也太早,这个客户甚至不在他们的目标市场范围之内。可他们没有时间考虑这些事情了。一位大名鼎鼎的风险投资人(VC)表示有兴趣投资他们的公司,两人的兴奋情绪达到了顶点。他们花了几个小时商量如何修改融资演讲稿和营销材料,怎样体现公司蒸蒸日上的状态,怎样适当表达他们对产品、客户和收益的未来预期。过去一段时间,他们赢得了创业竞赛的胜利、入住了企业孵化基地、聘用了一位顶尖的软件开发人员,最重要的是,还与一位重要的客户签订了购销协议。从外界收到的一些积极反馈让两人满怀信心。

一切进行得非常顺利,他们与风险投资人见了面,完成了演讲,又同这位潜在合伙人吃过几次饭,开过几次会。不

第1章
创业历程：顺境、逆境与困境

久，法伦和费尔南多收到了一封价值数百万美元的投资条款说明书。两人心情非常激动，还开了香槟庆祝，然后才开始阅读说明书中那些对他们不是很有利的条款。最大的问题是，风险投资人希望他们之中能有一个人搬到距离初级市场比较近的城市工作，此外，风险投资人还希望他们接受一项称为"创始人反向特别保护权"的规范，还要求在资金到位之后，安插一位"杰出人才"担任公司的首席执行官（CEO），并且要求给这位首席执行官分配一大份股权。

困境：祸起萧墙

法伦和费尔南多仔细阅读了风险投资人发给他们的那封价值数百万美元的投资条款说明书。随后几天，风险投资人给他们两人分别打了不少电话，询问各种尽职调查方面的问题。法伦通过这些谈话加深了对投资人所述条款的理解，包括对他们变更工作地点的要求，以及这些要求背后的意图。除此之外，法伦还尝试着询问投资人，对那位"杰出人才"的资历背景有什么看法，并询问这个人何时能够入职。与此同时，费尔南多手忙脚乱地回答风险投资人关于产品特性和市场的各种问题。此外，他也在借机打探这位"杰出人才"，询问他是否会带来自己的市场和营销人员（包括有可能取代费尔南多地位的人员）。

为了给风险投资人留下更好的印象，这两位创始人不断催促团队加快产品的开发进度，增加公司在营销方面投入的精力，还针对潜在客户开展现场营销活动。在一次出差途中，法伦和费尔南多终于在投资条款说明书中列明了自己可以接受的底线（包括律师给他们的建议）。他们将文件发给了风险投资人，在文件中表示拒绝接受创始人反向特别保护权，减少了分配给未来首席执行官的股权份额，并增加了相应的内容以保证自己能在未来首席执行官的选择过程中留有一定的影响力。风险投资人在几天之后发回了答复，他坚称最初的投资条款说明书没有任何讨价还价的余地。

法伦和费尔南多回到公司之后跟天使投资人开了个会，两位创始人描述了他们与这位风险投资人的整个交涉过程，并且承认他们出现了资金短缺的问题。迫于天使投资人的压力，他们同意召开一次正式的董事会议，在律师的见证下共同探讨公司在预算方面出现的问题。会议中，两位创始人表示仍然希望按计划继续推进，但也表示愿意推迟一些费用报销和工资支付以减少现金支出，等这一轮融资结束之后再行结算。天使投资人坚持认为公司应该减少员工人数（立即辞退大约一半的员工），放缓发展的脚步，减少营销投入，并寻找其他的风险投资人。他对这位风险投资人的加入表示非常担心。可法伦和费尔南多对这位新投资人的印象非常好，并且已经决定跟他合作了。天使投资人提醒他们，高层领导的首要任务应该是管理

第1章
创业历程：顺境、逆境与困境

资金状况，而且他可以对这位或者其他任何风险投资人的加入行使一票否决权。天使投资人的威胁让法伦和费尔南多感到震惊。紧接着，律师也表示支持天使投资人的意见，这一点更是出乎他们的意料。双方剑拔弩张，不欢而散。

第二天，费尔南多跟他招聘来的技术主管讲述了会议的经过，结果后者立刻要求涨薪。他认为自己投入了大量的时间，工资只能更多，不能更少。此外，技术主管还说："必须保留整个开发团队，否则我就不干了。有大把的公司想聘用我，他们会支付更高的薪资，还会给我提供更优秀、更庞大的开发团队。"法伦从费尔南多口中得知这件事之后，感觉技术主管和费尔南多两个人都背叛了自己，因为费尔南多在没有跟她商量的情况下就给这位员工做出了太多的承诺。她认为公司落到这样的境地都是费尔南多的错。而费尔南多则还击说，在自己辛苦组建公司的时候，法伦却在孵化基地游手好闲。法伦奚落费尔南多，说他太自大，说自己一直独自在外面努力做营销，可费尔南多忘了营销本来是他的工作，并提醒他目前只有自己签订了一份购销合同。费尔南多却对此不以为意，他说合同的条款太不切实际，罚金数额又很高，这份合同还不如不签。

第三天，天使投资人提出了一个解决方案。他会再以某种方式投入一些资金，帮公司撑过这段时间，直到他们找到新的风险投资人为止。他用电子邮件给法伦和费尔南多分别发了一份律师起草的条款说明文件，并在文件中进一步拉低了公司的估值（比天使投资人之前提出的估值还要低很多，而且提出要给技术主管一大份股权,让他成为联合创始人)。增加的这笔投资可以让公司保有整个开发团队。当然,企业"估值降低"的代价,就是创始人持有的股权会被大幅稀释。

法伦不愿放弃对这家初创公司的控制权。她认为其他人在联合起来对付她,因此非常气愤。她给律师打电话,指责他是个"双重间谍",枉顾公司的利益,只想着为天使投资人争取好处。她行使了首席执行官的权力,给技术主管发了一封解聘邮件。费尔南多对此极为不满,他召开了一次股东大会,并给法伦下了最后通牒。法伦聘用了一名新的律师作为她本人和公司的代表,并通知天使投资人的律师,公司已经将他解聘了,还威胁这位律师,说要起诉他因为利益冲突而玩忽职守。

费尔南多和法伦在办公室发生了激烈的争吵(所有员工都能听到那扇紧闭的房门后传出的怒吼声)。法伦行使首席执行官的权力发放了一份两周后将费尔南多解聘的通知,此时费尔南多还没有得到任何股权兑现。两位创始人相互指责对方撒谎,认为公司陷入这种窘境都是对方的错。所有人都被迫要"选边站",公司运营全面停止。

虽然两人存在矛盾,但法伦和费尔南多还是决定最后给风险投资人打个电话。他们决定,只要资金能够快速到位,他们可以接受这位风险投资人提出的任何条件(因为公司此时极度需要资金)。在通话过程中,他们隐晦地暗示对方,有老股东提出追加投资,有一位天使投资人并不认同风险投资人提出的条件,两人需要他帮忙一起应对这位天使投资人。风险投资

第 1 章
创业历程：顺境、逆境与困境

人承诺会给他们回电话。几天后，风险投资人回电表示，虽然他的几位合伙人都很喜欢这家公司，但大家还是决定将资金投到别的地方。但他建议双方保持联系，因为他的合伙人最后还有可能回心转意。费尔南多给风险投资人发了一封邮件，希望他可以重新考虑，表示自己愿意提供更高的回报率并降低公司的估值，但是并没有收到回复。

这家初创公司没有了资金，只能解聘了所有的员工。公司的天使投资人表示愿意以象征性的价格收购公司的所有资产，但法伦拒绝了。公司被迫关停。

如何使用这本书

希望大家看完法伦和费尔南多的故事，不会因为太过失望而放弃阅读这本书。当然，我们的目的不是打击大家成为企业家的信心。其实只要再读几段，你就会看到法伦和费尔南多故事的另外一个结局，这一次，他们两人正确运用谈判技巧取得了不错的经营成果。

不过现实之中的确大部分创业企业都会失败。企业家在谈判时所犯的错误足以毁掉整个公司。在这本书中，我们要重新理清所谓"企业家精神"的含义，尽可能地帮助大家避免出现类似的问题。当然，创业初期难免会犯错，所以我们还要帮大家尽量减少损失，并告诉大家出现问题时应该如何应对。

我们在开篇讲了一个故事，后续还有5章的内容。第2章、第3章讲述了创业领域的现实情况。我们会清晰地描述企业的发展路线，并且会重点阐述最为关键的谈判类型，例如初创企业生命周期中最具代表性的谈判，给创始人造成压力的谈判，对必要合作关系构成威胁的谈判，阻碍创始人与投资者、供应商和客户交流的谈判等。第4章有一个重要的列表，其中包含企业家常犯的8个错误。第5章讲述了几位创业者的真实案例，总结了企业家犯错的经过和原因。你会看到各种不同类型的成功企业家娓娓讲述自己的创业故事，他们每个人都有自己独特的个性和行事风格，虽然他们的文化背景不同、行业不同，但都会对自己过去的经历进行反思，感谢他们为帮助大家进步，在此分享自己的创业经历和谈判时出现的失误。

在第6章中，我们会展示企业家如何通过提高自我意识、对周围环境的敏感度和沟通技巧来提升经营成效。第6章还会帮助大家从合作关系和谈判的角度重新审视创业这件事。我们会介绍如何通过正确的规划避免在谈判时出现严重的错误。我们会告诉大家如何提前预测可能出现的错误。最后，我们还会介绍发生错误之后的补救措施。

在最后的附录中，我们会告诉大家如何形成自己的实践理论（TOP），帮助大家通过实践总结属于自己的经验教训，强化自身优势，发展和支持自己的团队。我们会告诉大家如何完成上述各项工作，也希望大家能将方法分享给其他人，让更

第 1 章
创业历程：顺境、逆境与困境

多人掌握商业谈判技巧。最后，我们会在附录中提供相关的各种图表，帮助大家在创业过程中适当运用书中所学的知识，为大家形成和调整自己的实践理论提供便利条件。

更好的结局：不一样的创业成果

在故事的另一个版本中，法伦和费尔南多没有出现之前的严重错误，在谈判失误时也迅速采取了补救措施。我们从法伦和费尔南多接到天使投资人发来的投资条款说明书开始讲起。

法伦和费尔南多给自己种子阶段的公司取了个名字，两人都对公司未来的发展充满信心。费尔南多说服了自己的叔叔为新公司投资，这笔钱足够他们两人在运营最初的几个月拿到一份不错的薪水。法伦非常高兴，还跟费尔南多的叔叔见了面，并在律师的陪同下跟叔叔开了一次会，确保几位股东在公司的未来预期方面保持一致。她同意接受费尔南多叔叔的钱，但在此之前，必须先通过她的律师签订几份重要的书面文件。法伦和费尔南多根据初期的愿景拟定了商业计划和融资演讲稿，并在一份简短的执行摘要中阐明了各自对公司未来发展的看法。为了能给公司的起步阶段留有更多的余地，他们拜访了一位知名的天使投资人，这位天使投资人对相关市场非常了解，也明白他们的发展预期。他同意投入一笔可观的资金，但坚持认为这家初创公司的价值并不高。

　　法伦和费尔南多安排了一系列会议，想要深入探讨天使投资人的利益点，了解天使投资人提出这些条件是出于什么样的考虑，并试图寻找其他的解决方法，一方面满足天使投资人的利益要求，另一方面能给自己争取更多的权益。双方逐渐建立起一定的信任，他们咨询过各自的律师，也查看过其他类似的投资项目，最后商定了一个大家都认为比较公平的企业估值，并决定采用此类投资的典型协议条款。天使投资人担心自己未来在新投资者的加入方面没有话语权，最后双方商定了解决方法，制定了一套全员参与的决策流程，但是并没有赋予天使投资人一票否决权。

　　法伦和费尔南多在当地的创业竞赛中获得了一等奖，可以在异地的一个著名的企业孵化基地驻留三个月时间。他们需要尽快完成一些法律文件，于是考虑让天使投资人推荐的顶级律师来为公司准备相关的文件，但是鉴于其中可能存在利益冲突，最终还是拒绝了天使投资人的提议。费尔南多告诉法伦，由于个人原因，他不能离开家到企业孵化基地工作。所以这三个月时间，只能由法伦驻守在企业孵化基地，于是两人商定了这段时间各自的任务和职责。法伦参加的各种讨论进度很快，她差不多每天都会给费尔南多发邮件报告相关的信息。费尔南多则会向法伦报告产品开发进度，以及他与新签约的当地承包商和员工之间的沟通内容。虽然两人经常因为一些事情产

第 1 章
创业历程：顺境、逆境与困境

生矛盾，但他们已经找到适当的方法来表达自己的感受。两人也因此加深了对彼此的了解，并不断改善相互之间的合作方式和信息沟通方式。后来费尔南多听说，法伦称自己是这家公司的"创始人"，他认为法伦这样不够尊重自己，开始担心自己在公司的地位。他把这件事告诉了法伦，法伦承诺会更加注意自己的用词，使用"联合创始人"一词。他们商定，未来所有的重大决策都要由两人共同制定，并且强调要安排跟天使投资人定期开会（跟费尔南多的叔叔也一样，只是频率会低一些）。他们养成了每周给天使投资人和律师发送电子邮件的习惯，而且邮件内容必须经过两个人的审阅修订。

他们拥有很多不错的机会，但是因为公司能力有限，其中一些只能暂时放弃——毕竟他们能做的工作只有这么多。费尔南多说服一位业内顶尖的软件开发人员接受了公司的技术主管职务。他知道自己很容易头脑发热，也担心自己因为急于签下这位人才而做出过高的承诺，所以，在完成必要的背景调查之后，他按照事先商量好的流程将自己准备提出的聘用条件发给法伦征求她的意见，并和法伦一起设定了预期（他在最近几次聘用职员时都是这样做的）。他聘用了一位人力资源（HR）顾问，以确保自己不会因为对某位应聘者太满意而答应对方临时提出的要求。在与费尔南多和法伦两人谈过之后，这位顶尖的软件开发人员加入了团队，公司对他的角色和预期定位非常明确，并且制订了完善的沟通计划，让他与法伦、费尔南多保持联系。与此同时，法伦尽力发挥企业孵化基地的网络优势作用。她联系到一位对产品兴趣浓厚的客户,并且对方表示随时可以下单订购!法伦知道,她总是对于销售方面的事情抱有很强的乐观情绪,可她处理商业买卖、担保、产品交货日程等问题的经验并不多。于是她邀请一位孵化基地的同事和她一起参加与潜在客户之间的会谈,并让同事随时提醒她不要做出不恰当的承诺。她与费尔南多开了一次视频会议,跟那位同事一起就洽谈时可能出现的情况进行了一次彩排。最终双方达成了一项金额适中的临时购买协议,还添加了几条或有条款[①],这样他们如果取消交货或者交货延误的话,就不需要支付罚金。

一位大名鼎鼎的风险投资人表示有兴趣投资他们的初创公司。法伦和费尔南多花了很长时间商量如何修改融资演讲稿和营销材料,两人与风险投资人之间的融资会议进行得非常顺利。他们后来还跟这位潜在的合作者一起吃过几次饭,开了几次会,最后终于收到一份价值几百万美元的投资条款说明书!他们在晚餐时开了一瓶香槟,并开始讨论投资说明书中对他们两人不是很有利的条款。其中的主要问题包括:风险投资人希望他们之中能有一个人搬到距离主市场比较近的城市工作,希望他们接受创始人反向特别保护权,还要求在资金到位之后,安插一位"杰出人才"担任公司的首席执行官,并要求给这位首席执行官分配一大份股权。他们把投资条款说明书发给了自

---

① 指这份合同可能包含某个条款,但是这个条款的存在并不影响其他条款的有效性。——编者注

第 1 章
创业历程：顺境、逆境与困境

己的律师和顾问，并安排了一次集体会议讨论其中的内容。他们决定先不回复这份投资条款说明书，并且立即开始接触其他的风险投资人，获取一份或几份与之相当的投资意向书。他们找到了另外两位风险投资人，这两个人给他们的公司估值要低一些，但是条件没有那么苛刻。他们与这几位风险投资人开了几次会，就投资条款进行了谈判，还讨论了未来可能出现的情况，了解了风险投资人背后动态化的投资人组合情况，并与其中一位风险投资人建立了不错的关系，最后终于完成了公司的第一轮融资，并开始以董事会的形式管理公司的经营，此后还完善了公司的章程，并再一次强调了沟通的重要性，商定了会议前、会议中、会议后以及日常工作中的沟通方式。

这家公司通过满足客户的预期不断发展壮大，聘用了更多的员工和高层管理人员，还完成了第一台原型机。他们将机器发给几位客户进行测试，结果失望地发现，这台机器还存在很多问题。他们接受了现实，调整了计划，并通知客户需要延期交货。他们诚恳地反思了自己的错误，妥善应对了客户和供应商表达出的不满情绪。产品的压力对公司的内部团队也产生了影响。他们尝试着采用与应对领导层相同的方法来规避、发现和应对基层出现的问题和冲突。随后，法伦和费尔南多听取了董事会成员、投资人和顾问的建议，同意聘用一位首席运营官（COO）来提高公司的运营水平。但此时，公司有可能在新产品完成之前就出现资金链断裂问题，风险投资人和天使投资人同意提供一笔过渡性贷款，并在下一轮融资时再行转换。

> 双赢谈判

经过几个月的紧张工作，新产品终于完成了。此后不久，公司就开始为客户发货。公司开始有了收入，也有能力进行下一轮风险融资了。他们用这轮融到的资金来扩大企业规模和开展市场营销。当初的首席运营官晋升为首席执行官，还谈下了几份战略性协议。其中一个战略性合作伙伴提出想要收购这家公司。法伦、费尔南多连同公司管理团队成员和董事会成员一起讨论了收购条件。众人组建了一个谈判团队负责完成准备工作和开展相关谈判。最终，公司以优越的条件完成了这次收购交易，不仅买卖双方从中获得了利益，所有的股东也都在此次投资中获得了收益。法伦和费尔南多组织了一次公司高层晚餐会，庆祝众人顺利退出这家公司。

第 2 章
创业宇宙
CHAPTER 2

创业的几个阶段：从种子到退出

什么是创业？就是创业者与其他人合作，将自己的设想转化成为某种市场需要的新产品或服务。创业者要努力说服其他人认同自己的愿景，即使面对外界的质疑，也能够聚集一批支持者来推动想法的实现。在创业过程中，创业者需要与各种不同的潜在合作者保持互动，随时调整自己的愿景，还要制订一份商业计划。创业者会通过演讲稿向潜在投资人和客户说明自己的想法、愿景和计划，有些时候会让渡出一定程度的控制权或所有权以换取自己需要的资金和支持。不管有没有外界的资金支持，创业者都必须找到合适的方法来开发、完善、架构和实现自己（不断变化）的愿景，从而满足创始团队和不断增加的利益相关者各不相同的利益需求。整个创业过程就是把一个种子设想转化为初创企业，然后在此基础之上，将其转变为一家"成长企业"，最终通过新一轮的融资，将其转变为一家成功的经营性企业，图 2-1 和清单 1 详细描述了整个过程。

双赢谈判

设想　种子　初创公司　获利　成长　扩张　成熟　退出

图 2-1　创业过程的几个阶段

清单 1　初创企业的创业阶段及其特征[①]

设想

团　队：创始人在从事其他工作（或活动）的同时，利用闲暇时间构思想法。不一定有（或正在寻找）其他的联合创始人参与其中

投资方：无投资方

产　品：无产品。只是一个设想，有可能存在一个可行性原型机

客　户：无客户，也不一定有概念性的商业模式

收　入：无收入

---

① 很多时候人们所说的初创企业往往指代属于以上发展过程中的所有企业。我们的区分更加细致，希望大家也能沿用这种区分方法：很多创始人和投资人在企业发展到靠后的几个阶段时，仍然称其为初创企业。这样称呼可能比较简单（例如阐述"我们会为刚刚起步到估值1000万美元的各种类型初创企业提供投资"），也可能是出于营销方面的考虑（例如阐述"我们是偏好种子阶段企业的风险投资人，一般会在企业发展早期投入资金，但还是希望此时企业已经有一种在产产品或者已经有了收入"）。

估　值：不存在

种子[1]

团　队：只有兼职或全职投入其中的（一位或多位）创始人

投资方：由创始人及其亲友提供资金。承诺可能仅限于口头形式，到某个时点会签订意向书或者一份简短的协议，承诺未来给予一定的权益股或普通股

产　品：此时还没有产品。可能存在某种类型的可行性原型机（阿尔法原型机）。团队正在定义未来产品的具体参数

客　户：企业正在开发市场、估算定价、计算潜在的市场份额以及搭建商业模式（有些时候可能会为客户提供免费产品，而收入则来自其他客户或广告）

收　入：此时没有收入

估　值：此时还不存在，或者只有创始人任意设定的数值。现有资金用于支付初期的成本，直到真正的筹资活动开始

初创公司

团　队：全职或兼职投入其中的（一位或多位）创始人。已经聘用了几名员工。每个人都有职责分配，通常每个人都会身兼数职。投资人可能会加入董事会

投资方：由创始人及其亲友提供资金。投资可能来自一位或一组天使投资人或一个初始专业投资方（例如小额资金、孵化器、早期阶段风险投资）。可能会存在普通股和优先股的差别。有些时候某位战略投资人（SI）可能会表现出投资的兴趣，并通过谈判商定未来的投资权限

产　品：正在开发最低限度的可行产品或服务（以实体或数字形式），或正在证明相关技术可以在降低科技风险的同时运行良好

---

[1] 最近几年，有些公司和投资人用"种子阶段"一词描述已经成长到后几个发展阶段的企业。这样做的主要原因是投资市场的需要，风险投资人和战略投资人总是声称自己把大量资金都投给了种子公司。

客　户：市场已经确认存在。企业借助潜在客户和市场反馈来调整产品定义和规划未来的发展路线。有准备下单（口头订单、书面协议或意向书）或使用产品进行验证（作为贝塔原型机）的潜在客户

收　入：公司可能得到了一些收入、预订金或合作伙伴的研发资金

估　值：由参加首轮融资的专业投资人（或天使投资人）设定，或暂时不予确定但约定在下一轮融资时提供一定的折扣。在与投资人的谈判过程中根据未来的潜在价值和其他同等风险投资项目确定（而且受到初创公司周围环境中的机会和宣传形象的强烈影响）

获利[1]

团　队：全职或兼职投入其中的（一位或多位）创始人。已经聘用了经理和职员。可能会增加其他行政主管。组织架构已经建立，各成员职责和分工明确

投资方：已经编写好了专业的投资文件以及表述清晰的股东和投资文件（可能此前已经写好）。已经建立了不同的股东等级。公司有早期的投资人（普通），也有后来的（优先）专业投资方（例如风险投资方和战略投资方）

---

[1] 我们在此将这一阶段称为"获利阶段"，不过我们也明白，在这个初创公司的后期阶段，一些企业或许并没有将获得收入作为工作重点：企业生命周期中获得收入的时间取决于产品、市场和商业模式。很多企业在比较早的阶段就开始获得收入了，也有些企业一直发展到成长阶段还未产生收入。例如，提供软件应用程序的初创公司可以为用户免费提供软件，但借助投资人的投资和超高的估值也能实现快速成长——我们或许可以认为，这样的企业从初创阶段直接进入了成长阶段。

产　品：已经将最低限度的可行产品投入市场并获得了收入。企业借助潜在客户和市场反馈来制订改进计划和规划未来的发展方向。有些时候（例如药品开发）技术尚未转化为产品，但是战略合作伙伴愿意将开发过程作为一种服务并为此支付大量的资金

客　户：有愿意采用产品的早期客户，企业也在增加销售方面的投入

收　入：企业有了收入

估　值：估值的计算依据是在商业计划预测数值的基础之上综合不同情况估算得出的未来价值。早期投资可能会根据未来几年或未来一年的收益来计算，例如总收入或利润（息税折旧摊销前利润）乘以年度数量得出的结果。还有些时候，企业估值的依据是未来战略性合作伙伴收购初创公司时可能采用的收购价值。由于战略合作伙伴具有企业"内部"的主观优势，因此对企业技术、平台或其他资产的认定价值可能会比市场上其他人高得多。投资人一般会以自身角度为出发点，从多个维度分析企业的估值阈值，据此决定是否投资——例如投资的预期财务收益（如内部收益率）或投资数额的倍数（如 10 倍）

成长[①]

团　队：全职或兼职投入其中的（一位或多位）创始人。已经聘用了高级主管、经理和职员。组织架构已经建立，决策流程已经确定

投资方：股权和贷款两种融资形式并存，已经编写了相关文件详细规范各种优先顺序和相应条款。新的投资方可能包括规模较大的风险投资方、规模较大的战略投资方、风险债权方和金融（被动）专业投资方。资金用来促进企业成长、加速产品研发、增加相关的产品和服务以及提升运营的专业化程度

---

① 通过内部开发和外部收购等措施开展创新可以让已经成熟的企业再次"回"到成长和扩张的早期阶段。

产　　品：首个产品已经投产。第二个产品可能已经在研发之中或规划之中

客　　户：客户群体越来越大，可能会扩展到新的高增长潜在市场

收　　入：收入不断增加

估　　值：根据未来商业预期、分析家的意见和未来的收购潜力进行估算

扩张

团　　队：已经聘用了高级主管、经理和职员，而且人数还在增加。组织架构和决策流程都已经非常明确。创始人作为企业职员的角色可能会重新定义或者取消

投资方：股权和贷款两种融资形式并存，已经编写了相关文件的详细规范、优先级和相应条款。投资方可能包括更多的战略投资人、规模较大的风险投资方、风险债权方和纯粹的金融（被动）投资方。资金用于扩大企业运营规模

产　　品：产品的吸引力已经得到证实。可能产品类型会更加丰富，开发出更多的产品或产品线

客　　户：客户群体越来越大，可能会扩展到新的潜在高增长市场

收　　入：收入不断增加

估　　值：根据未来商业预期、分析家的意见和未来的收购潜力进行估算

成熟

团　　队：团队已经成立了一段时间。组织架构完整，相关流程运行顺畅。创始人可能仍然在企业内工作，也可能已经退出

投资人：运营或许已经不再需要外来资金的参与。财务状况和/或股息金额取决于市场规模和企业选择的财务战略。可能有计划使用资金收购其他公司或技术以实现企业成长、扩张或维护市场

产　　品：成功的产品已经达到最优化，可以留住大量的客户并保持利润率（降低产品成本）。可能还增加了其他的产品和服务内容。不成功、无利润或利润率低的产品已经淘汰

客　户：企业已经建立了巨大的客户群体。运营重点可能是维护或扩大客户群体或市场份额
收　入：收入比较稳定，缓慢增长或缓慢下降
估　值：根据未来商业预期、分析家的意见和未来的收购潜力进行估算。这些估值有详细的财务分析数据支持，包括降低成本后的潜在利润

退出[①]

公司被收购或与另一家公司合并，或成为一家上市公司。退出可能发生在上述任何一个阶段。如果不成功，那么公司可能会被关闭（关停），剩余的所有资产将分别归属于几个债权人或股东。这也是另外一种形式的"退出"

创业过程存在很多的变数，因为每一家企业的成长过程都不尽相同，但是每个阶段通常都存在一些典型的特征。

创业初期的几个阶段要面临独特的挑战和机遇。例如，创业初期我们要选择由哪些人为企业提供早期的资金，我们会发现参与者、影响者、决策制定者和利益相关者的数量迅速发生变化。金融领域已经针对不同融资阶段发展出了一套灵活的划分方法。如图 2-2 给出的范例所示，企业发展的整个过程中，融资的"轮"次不一定总能与清单 1 给出的发展阶段一一对应。

---

① 任何一个阶段都有可能发生退出谈判，现实中大多数情况下退出都发生在某个早期阶段。

创始人　　天使　　第一轮　第二轮　第三轮　第四轮　　并购/上市
及其亲友　投资人

设想　种子　初创公司　获利　成长　扩张　成熟　退出

图 2-2　初创公司的融资阶段

善于谈判的创业者成功的机会更大

创业者就是有能力成立、组织和管理一家企业的人，例如，初创企业经常面临着巨大的压力和不确定性。"Entrepreneur"（创业者）是一个源于英语的法语词语，可以追溯到莎士比亚时代以前的戏剧创作领域。当时的人要排演一部戏剧，需要说服很多人冒险为戏剧的编排提供支持。其中有些人可以获得报酬，有些人只有在戏剧获得成功的时候才能分得一部分收益。到 19 世纪，这个词的含义扩展到了普通商业领域。到 20 世纪末，人们开始用这个词指代初创公司。大型企业和公司还会用这个词指代现有机构中新设立的分支。后来，又出现了"社会

第 2 章
创业宇宙

创业"一词,用来表示致力于公益事业或意图带动社会变革的举措,或者不以赢利为主要目的的组织。任何一个类型的创业者都需要努力说服其他人以获取所需的资源,从而达到自己的目的。我们在哈佛大学的同事霍华德·史蒂文森曾经说过:"创业就是不局限于当前手中控制的资源而去追求发展机会。"

我们两人在大波士顿地区既是教师和导师,又是创业者,也曾经到世界各地的创新科技热点区域开展教学。创业者可以改变地区的经济态势。麻省理工学院的一份报告显示,麻省理工学院校友创立的公司数量已经达到了 3 万家,总员工人数约为 460 万人,年收益总额达到 19000 亿美元(2015 年数据)。麻省理工学院的校友每年都会成立数百家新公司,其中大约四分之一都是在美国以外的国家和地区成立的。这些成立新公司的麻省理工学院校友有 40% 是连续创业者,也就是说,这些人成立过不止一家公司。

创业者要想建立一家成功的企业,必须让其他人相信某个设想具备发展潜力。为了获取所需的资金,他们必须让外部投资者相信自己拟定的商业计划具备可行性。同样地,有才华的工程师和产品开发人员如果选择加入某家企业,也必须认同企业的发展规划。谈判几乎在创业者的每一步行动中都发挥着至关重要的作用。我们对谈判的定义是"与其他人沟通以促使对方依照你所希望的时间和你所希望的方式采取你所希望的行动"。

双赢谈判

创业宇宙图景描绘

每一个创业者在创业过程的各个阶段中都需要与各种不同类型的参与者进行谈判，而且谈判的对象类型会越来越丰富。其中涉及的合作关系大致分为四类，可以用两条坐标轴来加以界定。这四个类型就是创业过程中的四种参与者，包括外部支持者、内部支持者、内部前线人员和局外人（也称为外部自由实体）。我们会在下文借用前面介绍的法伦和费尔南多的故事对这四种参与者进行详细的说明。两条坐标轴应该很好理解。一条表示外部沟通和内部沟通，另一条表示企业的后方支持者（投资方或企业职员）和前线谈判人员（代表公司或处于对立一方）。如图 2-3 所示，无论哪种情况，创业者都处于这些谈判的核心位置。

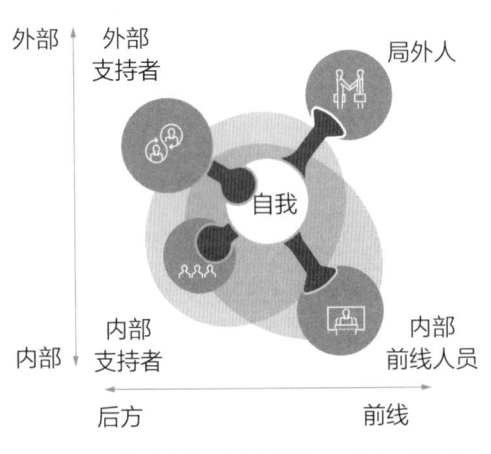

图 2-3 创业过程中的谈判——参与者分类

内部员工可以为企业实现愿景提供支持。我们将他们视为内部支持者。随着企业的发展，这些支持者会逐渐转化为企业组织架构的核心成员。当然，这个架构也会发生变化，有人加入、有人离开、有人调岗或职位发生变更。内部前线人员是指公司的代表，可能是员工，也可能是立约人，他们会代表公司与外部参与者进行交涉。如果没有成立公司，那么整个世界都是企业的外部环境，而所有的外部参与者都与企业没有关联，所以他们都可以被看作是局外人。如果其中某些人来接触这家企业，与企业的（一位或多位）创始人建立联系，并且决定为创业者提供支持，那么我们就会认为他们是外部支持者。他们虽然处于企业的外部，但是已经正式发挥了支持作用，有些还给予了资金支持。这类支持者会得到特定的权限和承担起特定的责任，对企业有一定的影响和控制力。其中不少人都会与企业建立长久的合作关系。

上述的所有合作关系都会有创业者的参与，不过通常分为两种不同的情况：创始人可以以个人的身份与相关各方交流，也可以以公司化身的身份开展交流。例如，法伦的导师可以跟"法伦这个人"建立联系，也可以跟"创始人法伦"建立联系。

为了更全面地展示这个多方参与的创业宇宙，我们还要再回顾一下法伦和费尔南多的故事。最初只有法伦一个人有创立公司的打算，其他所有人此时都是局外人。法伦跟自己的父母谈了这件事，他们鼓励法伦自己创立公司，并提出为她最初几个月的工作提供资金支持。因此,法伦的家人就成了这家公司最初的投资人。法伦开始测试外部实体对自己的设想有何反应,其中有两个人决定帮她创业。她的律师得到的承诺是未来会按全额支付律师费(计费时数包括从最初开始,包括他没有收取法伦费用的所有时间)。律师的风险在于,未来如果这家公司没有赚到钱,那么所有的债务可能都要一笔勾销。导师作为法伦的非正式顾问,得到的承诺是未来可以根据工作量分得一定的股权。因此,律师和导师两人都成了后方支持者。如图2-4 所示,法伦是这家未来公司的核心人物,拥有上述几个外部支持者,其他所有人都是局外人。最初的这段时间,初创企业从设想阶段逐渐过渡到预种子阶段,除了法伦,企业没有任何其他的内部参与者。

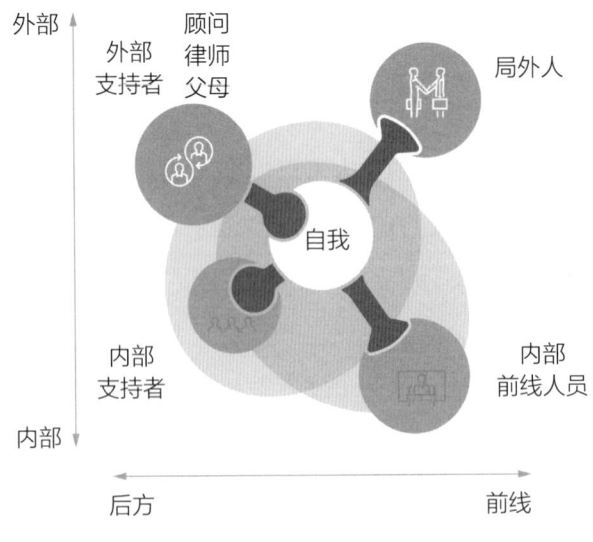

图 2-4 法伦的设想——预种子阶段

我们都知道，法伦成功地建立了一家处于种子阶段的公司，成功地把多个外部参与者变成了自己的后方支持者。她的父母是早期的投资人（不过他们并没有设定股价估值）。她的顾问成了股权持有人，而律师则是有风险的债权持有人。除此之外，她跟费尔南多还通过谈判达成了协议，从此费尔南多成了公司的联合创始人和高层主管。法伦和费尔南多将两人的愿景"推"向了市场，他们聘用了几名关键性员工，由此加强了企业的内部支持力量，其中包括一名产品开发副总裁（VP）和一位市场营销总监。此时公司有四名员工，部分人需要按月支付工资，部分人得到了未来的股权承诺，公司筹措到资金之后，这些股权会有一定的价值。在这些人的后方支持之下，公司找到了两家代理公司来帮助处理前线事务（例如，向潜在客户和投资人推荐这家公司，聘用更多的员工）。内部参与者要依靠计薪员工来完成内部前线任务和协助进行产品开发。随后企业的组织架构进一步扩大，聘用了一名助理来管理办公室事务，并与三名专业员工一起合作加快研发进程，以期尽快完成一台最低限度的可行产品。内部团队推动现有的外部参与者去开发潜在市场和收集有关产品的想法，同时拉动更多的外部参与者加入创业宇宙。他们可以通过这种方式进一步了解市场，寻找可能对这家公司和未来的产品感兴趣的人（图2-5）。

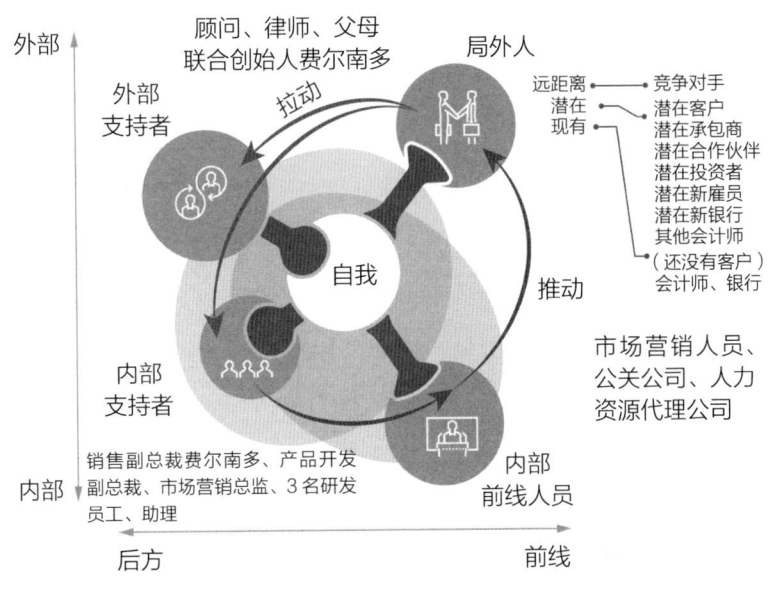

图 2-5 法伦的种子阶段

定义创始人的角色时，我们要考虑到创始人从多个层面对自己的定义：他们是家庭成员，是朋友和交际圈中的一员，也是整个社会的一分子。每个层面的意义都可以帮助解释创始人做出各种决策的原因。例如，法伦曾经自问是否应该购买一辆炫酷的公司用车或租赁一套更贵的河景办公室："我做这个决定是出于个人喜好还是因为这是公司创始人该做的事？"这个决定以及她做出的其他很多决定，都反映了法伦的核心价值观和个人信念（也就是她作为创始人的自我认知），同时也反映出了家人、专业群体和社会大众给她带来的压力。我们认为，创始人做出的所有决定都能反映出这个人对图中四类人所带来的压力做何反应，而这些决定综合到一起，就构成了她的创业者自我。

随着企业的规模变大、影响范围变大和能力的不断提高，这些压力会进一步增强。此外，创始人所做的决定对外部非利益相关者的影响也会越来越大，而外部带给创始人的压力也会增强。其他与之类似的决策还有公司的总部应该设在哪里，是否允许员工成立工会等。在做出这些"自我认定"的选择时，创始人必须考虑到企业整个创业宇宙中所有的内部和外部参与者，不仅要关注各方的利益，还要了解他们的想法。

创始人的自我同样也能反映出他的文化背景。文化的含义非常丰富，包括行为模式，态度，理念，惯常做法，以及家庭、宗族、部落、社群、社会或专业领域等特定群体共有的代表该群体特色的价值观。每个人都会给自己下定义，他们的选择可能会与家人和社群存在很大的区别。例如，家人属于法伦身边最亲密的群体之一，但是她和哥哥并没有住在同一个城市。自然，几位创始人对于"家庭价值观"的定义可能存在差异。如图2-6所示，围绕在我们周围的有几个范围大小不同的圈子，每个圈子可能存在多个群体，几个圈子之间可能相互交叠。法伦可能会将当地的宗教组织作为自己的一个社交圈，将大学校友作为另外一个社交圈。虽然这些圈子可能会发生重叠，但是不同的圈子可能会对法伦的行为以及她对某些观念的感受有不同的看法，因而相互之间可能会发生冲突。范围比较大的圈子包括国家、地区和社会从属关系等，每一个圈子都代表着一套价值观。如前文所述，这些都有可能对个人的行为偏好产生影响。例如，有些国家的文化强调个人主义，有些则强调集体价值。

双赢谈判

社会
社群
家庭
自我

图 2-6　处于创业宇宙核心地位的创业者自我认知

人们总是在有意或无意的情况下带有认知偏差。通常，我们自己也无法分辨这些偏差是普遍存在的认知偏差还是受个人文化背景影响而产生的习得性认知偏差。每个参与商业谈判的人都必须认清自己有哪些习得性认知偏差和普遍存在的认知偏差。我们的同事弗朗西斯卡·吉诺（Francesca Gino）在她的著作《分心》（*Sidetracked*，2013）一书中写道："很简单，无关的要素会对个人的决策和行为产生深远的影响。"我们尤其关注的一个领域是"自我中心偏差"，因为这种认知偏差会影响我们对公平的看法。例如，在盖尔范德（Gelfand）和同事一起进行的一次实验中，日本谈判者认为其他人的观点和自己的观点具有同等的正确性，因为他们的文化更具集体主义特征，更注重合作关系，而美国谈判者所处的文化环境更注重个人成就（这种文化鼓励创业），所以他们认为自己比其他人"更加公平"（2022年）。如图 2-6 所示，我们的周围环绕着多个圈子，这几个圈子所产生的文化影响也会波及我们在创业过程中出现的倾向和做出的选择。

杰斯沃德·萨拉科斯（Jeswald Salacuse）在他的著作《环球磋商者》(*The Global Negotiator*，2003）中列举了几种反映个人文化背景的重要谈判行为。他在研究中对十几个国家的数百名谈判人员进行了分析，发现跨文化谈判的复杂程度会受到好几个因素的影响。第一个是谈判人员对谈判目的的看法——是为了签订协议或合同，还是为了建立关系。第二个影响因素是谈判者把谈判当作实现双赢的手段，还是认为双方在挣扎着决定未来谁赢谁输。其他一些影响因素包括：非正式的内容（例如使用姓氏还是名讳、能否谈论私生活等）、直白程度和对承担风险的态度等。

人们必须牢记，文化或社会因素对自我会产生强烈影响，同时也要明白，所有人都会受到进化造成的生理因素的影响，因此男女之间存在普遍差异。人们有基本的生理需求，都会出现特定的社会和行为特征，而这些特征又会引发相应的情感和带来社会反馈。无论人们的文化背景如何、使用哪种语言，这种差异始终存在。人们必须通过语言沟通方式（用字、措辞、造句、口吻、说话节奏和声调）和非语言沟通方式（肢体语言、姿势、面部表情）来表达自己的思想和情感。心理学家埃克曼（Ekman）确定了七种世界通用的面部情绪表达——惊讶、快乐、悲伤、愤怒、恐惧、厌恶和轻蔑——无论人们的文化背景差异有多大，都可以理解这些表情（1984）。

了解围绕在自我周围的几个圈子有很多好处，这可以帮助人们理解个人在企业的成长过程中其行为逐渐发生变化的原因。在企业的生命周期中，靠外的圈子给处于核心的自我带来的压力会更大。

整个创业宇宙就是以创业者的自我为中心的。最初，所有的外部参与者都是自由的局外人。随着企业的发展，有些人走入局中变成了内部支持者。外部支持者是接受任命的各位董事，他们会加入顾问委员会，成为利益相关者和股东，帮助创业者制定总体策略。外部实体可能会对企业的动态变化具有一定的控制权限，而内部参与者则形成了企业的组织架构。内部人员可以在前线发挥作用，包括扩大企业规模，或重点关注企业愿景和产品，同时也可以说服客户或其他局外人和企业一起实现未来的规划。值得注意的是，有些参与者会同时出现在创业宇宙的不同位置上。例如，费尔南多最初只是外部参与者，后来出现在了创业宇宙的三个位置上：①作为联合创始人，拥有股权并列席董事会，因此他是一名外部支持者；②作为高级管理人员，属于企业的内部支持者；③作为前线工作人员，负责探查市场、为未来的产品提供修改意见、吸引潜在客户的注意并提升品牌知名度（包括寻找潜在投资人）。人们如果站在离中心较远的位置进行观察，就可以很明显地看到特定参与者与创始人之间的关系远近，以及创业宇宙中各个参与者之间的关系亲疏。例如，有些局外人与创始人或企业之间本来就存在联系，有些人可能未来会建立联系，还有更多的局外人会始终保持较远的距离，不会与创始人或企业建立紧密联系（至少在可预见的未来没有可能）。

如图 2-7 所示，创业宇宙中包含以下这些角色：

- 自我
- 家人
- 朋友
- 联合创始人
- 发展顾问
- 职员
- 律师、会计师和代理
- 客户
- 天使投资人
- 策略顾问
- 董事会成员
- 风险投资方
- 商业合作伙伴
- 高层主管
- 竞争对手
- 银行
- 行业协会
- 监管机构
- 政府机关
- 股东
- 公众

外部　风险投资方、股东、亲朋好友、　远距离　律师、代理、客户、投资人、
　　　投资人、联合创始人、天使投资　潜在　商业合作伙伴、竞争对手、
　　　人、董事会成员　　　　　　　　现有　银行、行业协会、监管机构、
　　　　　　　　　　　　　　　　　　　　　政府机关、公众、分析师、
　　　　　外部　　　　　　　　　　　　　　战略参与者
　　　　　支持者　　　　拉动
　　　　　　　　　　　　　　　　　　　　局外人

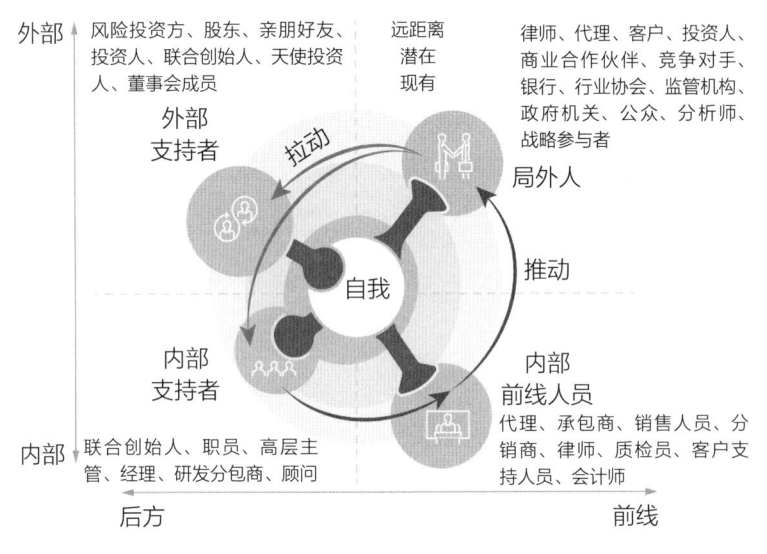

　　　　　　　　　　　　　自我　　　推动

　　　　　内部
　　　　　支持者　　　　　　　　　　　　内部
　　　　　　　　　　　　　　　　　　　　前线人员
内部　联合创始人、职员、高层主　　　　　代理、承包商、销售人员、分
　　　管、经理、研发分包商、顾问　　　　销商、律师、质检员、客户支
　　　　　　　　　　　　　　　　　　　　持人员、会计师
　　　　　后方　　　　　　　　　　　　前线

图 2-7　创业宇宙

- 分析师
- 战略参与者（投资人 / 合作伙伴）

通过这张创业宇宙图，人们可以清晰地看到大部分创业者在关键沟通中所犯的错误都发生在什么位置。这种创业宇宙观可以帮助人们从谈判的视角重新审视整个创业过程。

发起变革，乘风而上

创业者总是为自己能够发起变革或者引发改变而感到骄傲。他们会借助创新产品、服务和商业模式来推动目标市场发

生变革。大部分创业者都会趁着变革或转换的时机发展企业,希望自己能比竞争对手更好地适应新的环境。小型和微型初创企业通常能比规模较大的公司更加迅速地采取行动。这也是初创企业容易成为大型公司并购目标的原因。大公司希望可以通过收购新企业的方式让现有的组织发挥出新企业的特性和能力。有些公司会努力推行"内部创业",在原有的公司内部设立新的部门,并鼓励部门员工以全新的方式开展运营,还有一些公司会在不产生企业阻力和摩擦的情况下收购引发变革的初创企业。

因此,创业(或内部创业)的每个阶段,有些时候甚至在单个阶段之内,都会迅速发生变化(而且往往出乎意料)。这些变化可能是外部作用的结果,例如市场变化、即将出台的新规定或竞争对手的突然出现,也有可能是内部变化造成的,例如人员的流动、资金流问题或者技术挑战。创业者的任务就是调整。以费尔南多和法伦为例,我们看到,他们两人在发现新产品可能无法满足市场预期的时候,也曾经面对这样的"扭转"时刻。他们必须做出反应,调整计划,通知潜在客户需要延期交货,同时必须妥善应对供应商和客户的不满情绪,不管这会对内部团队、董事会、投资人和顾问产生何种影响。法伦和费尔南多作为创始人,只能改变最初的计划提早聘用经验丰富的管理人员,并以不太有利的条件获取更多的资金。

制订计划对任何一次创业和每一次谈判来说都是至关重要的步骤。但是哪怕最出色的计划也无法考虑到所有可能的变数。制订计划有助于推动相关事务朝正确的方向发展,而这份计划能发挥多大作用，则取决于当事人调整计划的能力。正如丘吉尔所说"计划本身用处不大，但计划过程却至关重要"，或者如艾森豪威尔所说"制订计划胜于计划本身"。

迈克尔·惠勒在他的著作《谈判的艺术》(*The Art of Negotiation*，2013)中介绍了即兴发挥的技巧。制订计划的人在面对不断变化的环境时可以使用这些技巧。惠勒在书中介绍了在各种不同的领域应该如何即兴发挥，并在此基础上总结道，成功的谈判者必须既要掌握方法论，又要掌握灵活性；既要自信，又要谦卑；既要冷静，又要警觉；既要有耐心，又要善于煽动情绪；既要务实，又要富有创意。谈判是一种社会活动，谈判的参与者必须具备快速适应能力，要能审时度势，同时又要充分发挥自己在架构和声音训练中学到的技能。从我们以往的经验来看，谈判者需要应对各种极具戏剧性而又气氛紧张的突发状况，惠勒所介绍的几种能力对谈判者而言必不可少。而在本书中，我们将为大家提供谈判的基本架构，企业创始人可以在这个架构之内充分体现即兴发挥的优势。

创新并不意味着重新发明每一个零件

无论变化来自外部环境（例如市场、规章制度、竞争对手）还是内部环境（例如人员、财务压力、开发挑战），创业者都必须设法去调整。一些观察者认为，创业动态环境随时可能发生变化，而调整又会带来压力，所以创业者没有必要制订计划，但是我们非常不赞同这种观点。我们永远无法获知一家企业从一个阶段发展到另一个阶段的准确时间，但是我们可以预测初创企业的发展路径。除此之外，我们还可以预测每个初创企业宇宙中需要展开哪些类型的交流活动。

如果创业者能够随时关注周围发生的情况，同时脑中还有一份清晰的企业发展路线图或计划，那么他们一定能取得更好的经营成果。的确，虽然创业者在企业成长的每个阶段都需要掌握不同的技能和处理新的互动关系，但可以根据计划提前做好准备，在遇到某种全新的突发状况时不至于手忙脚乱。此外，创业者还可以借鉴其他人的经验，不断培养新的能力。

如果创业者还同时使用了我们提供的创业宇宙图，那么哪怕遇到创业宇宙图没有提到的意外情况，也能够找到应对方法。例如，法伦在初创企业进入成长阶段（图 2-8）后，预计需要进行以下几种谈判：

- 法伦已经从亲朋好友、天使投资人和风险投资方那里获得了资金，组建了董事会，与几位顾问达成了协议，她知道自己还需要跟战略投资人进行谈判以获取第二轮融资。
- 此时，企业共有 5 名管理者（法伦、费尔南多、新任首席运营官和另外两位副总裁），7 名总监，22 名经理级成员和 53 名属于个人贡献者的员工。法伦明白管理团队必须在某些关键问题上达成一致意见。这几名管理层成员决不能各自为政、互不沟通。

- 企业的总计 87 人中,有些人要在公司的前线工作。这些人包括市场营销副总裁以及他手下的总监和销售经理。负责与外部参与者交涉的员工,比如从事客户支持、采购、供应商质量核验、财务和其他运营工作的人员,也属于内部前线人员。法伦知道这些内部前线人员的工作必须协调一致,甚至达到毫无障碍的程度。后来她用外部的人力资源公司代替了内部的人力资源总监和招聘负责人,公共关系方面则仍然交给费尔南多早前聘用的外部公关代理。这种内部与外部的分工合作也需要进行调和。

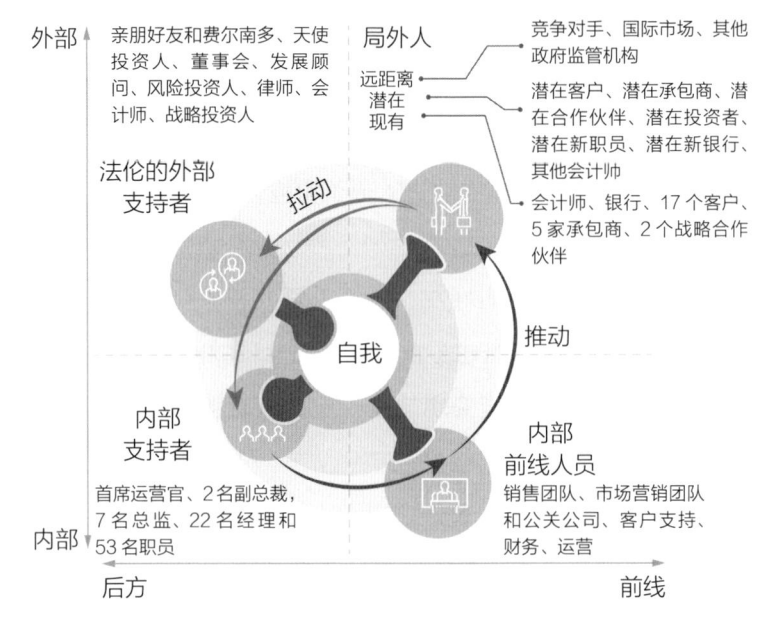

图 2-8 法伦的成长阶段

- 局外人数量很多。但是法伦可以通过各种表格记录企业与外部参与者的关系状态，其中包括17个客户、5家承包商、2个战略合作伙伴，以及其他很多的潜在客户、承包商、投资者、新职员、银行、会计师、竞争对手，甚至政府监管机构。法伦知道其中的每个参与者可能都需要她以某种方式进行直接交涉。她甚至还接触过一些有可能给创业宇宙带来变化或影响其他关键参与者的远距离参与者。

谈判是一种至关重要的创业能力

虽然听起来光鲜亮丽，但创业实际上风险很高。根据《福布斯》杂志、彭博社（Bloomberg）和其他新闻媒体的报道，创业者的失败率高达80%到90%。虽然创业者失败的原因多种多样，但是根据我们的研究和经验，创业过程最大的阻碍，就是创业者在企业发展的过程中无法以正确的方式应对与关键参与者之间的谈判。我们认为，创业者必须能够避免和提前探知可能出现的谈判错误并采取正确的应对措施，无论相关谈判对应创业宇宙的哪个位置。我们参阅了各种文献并对内容进行了梳理，用来证明这种观点。如前文所述，我们将企业的发展过程划分成了7个阶段，并找出了企业家在应对谈判挑战时在每个阶段出现的最具代表性的错误。我们会告诉大家这些错误出现在创业宇宙中的什么位置。然后还会在第 3 章将这些内容综合到一起，重点阐述企业家容易出现的 8 种普遍性的错误。

下面，我们就来按阶段，逐一介绍企业家必须处理的互动关系。

- **开始还是放弃？** 在设想阶段创始人需要再三斟酌，决定是否要成为一名创业者。此时，很多人都会对自己展开灵魂拷问，可能还需要与家人或所爱的人进行交流。创业的决定势必会对人与人之间的关系产生长远的影响。在创业领域，很多人都会把开设一家公司比作养育一个孩子。因此，在这个过程中，创业者不仅要经过自我拷问，还要跟子女和好友交流意见。太过以自我为中心或太过乐观都会带来很大的风险。德·梅扎（De Meza）和索锡（Southey）等一些学者的研究都得出了一个结论，即很大一部分创业者都属于过度乐观的人（1996）。阿罗巴谢巴尼（Arabsheibani）、德·梅扎、马罗尼（Maloney）和皮尔逊（Pearson）等人则认为，乐观态度会让人很难看到不可预知性带来的问题，因此让创业过程显得特别吸引人（2000）。

- **为设想获取许可。** 在设想阶段，很多创始人都需要通过谈判得到一份知识产权许可，以备未来加以使用。例如，法伦需要与大学进行谈判，说服大学允许她使用在校工作期间的研究成果。在这样的情况下，创业者在就版权或大学未来得到的股权进行谈判时，如果态度过于强硬，就有可能会造成很大的麻烦。在现实中，创业者可能需要与一位局外人进行交涉，说服对方成为自己的外部支持者，因为创业者未来可能需要借助这个人的力量。

- **签订联合创始人协议。** 在种子阶段，创业者可能需要选择一位合作伙伴，并且签订一份联合创始人协议。对第一次创业的人来说，这是非常敏感的一次谈判，很多人将其比作婚姻，因此一份创始人协议基本上可以看作一份婚前协议。创业者经常出现的问题（无论是创业，还是婚姻）是，对未来可能发生的情况避而不谈，这样做反而会感觉更轻松。很多人在这种情况下都会很快妥协，只为了让这件事快点结束，然后继续着手处理创业过程中各种有意思的工作。联合创始人非常重要，会出现在创业宇宙的多个位置，他是内部支持者，也是外部支持者和内部前线人员。

- **设计股权分配方案。** 在种子阶段，企业会从亲朋好友和早期服务提供者（例如帮忙注册公司的律师，或者为初创企业腾出办公空间的赞助方）组成的小圈子里得到资金或非现金支持。双方可能会以口头形式做出承诺，过后再签订意向书。之后双方可能会签订一份简短的协议约定未来兑现的权益股或实际普通股。这个时候的未知因素还有很多，此时谈判只能主要依赖直觉和乐观的想象，所以最好不要急于开始交涉。投资者成为重要的内部支持者，会对公司未来发展方面的决策产生很大的影响。

- **准备融资演讲稿**。创业者一般都会从种子阶段开始，面向外部潜在投资者、客户和合作伙伴发布融资演示报告。很多人认为这是创业过程最核心的部分。大家经常能在电视和媒体上看到这样的报告场景，通常就是一位创业者一次次地面对"行业精英"或"大客户"演示同一份报告，希望给这些大佬留下深刻的印象。编剧给出的结果通常是创业者当场收到积极反馈（电视剧版本一般是说这些大佬因为"良好的第一印象"就做出了投资的承诺）。但在现实生活中，如果事情顺利的话，第一次会议结束之后还会组织很多次会议，双方会展开漫长的谈判，取得多个阶段性成果。融资演讲稿需要重复讲述很多次，所以创业者容易变得过于以自我为中心，个人的反应可能会太过情绪化，因而在谈判过程中出现严重错误。

- **招聘早期团队成员**。在初创阶段，创业者经常需要在手中资金并不充足而且失败风险较高的情况下说服潜在的新职员加入自己的企业。这类谈判的讨论重点通常包括个人角色、责任、股权、薪资、激励计划、职位，以及与创业者的核心身份和企业中每位职员都密切相关的其他事项。一经录用，这些员工就成了内部支持者。其中有些人具备很不错的前线工作能力和经验，因此会在前线担任职务。这类谈判中最容易出现的问题是，创始人可能会因为急于开展业务而缩短长期事项应有的时间跨度。

- **获得天使投资。**与潜在天使投资人之间的股权分配谈判也发生在初创阶段。此类谈判会受到天使投资人的经验和期望参与程度的影响。天使投资人可以成为企业的外部支持者，对企业未来的决策制定产生巨大的影响。这种谈判容易出现的问题是，创始人可能会因为找不到其他的资金来源而答应天使投资人提出的条件。从谈判的角度来说，这代表创始人并没有尽力完善自己的最佳替代方案。

- **确定愿景和策略。**每一家企业都需要确定清晰的愿景和企业策略，这对初创企业来说尤为重要，因为这类企业很容易受到高度不确定性带来的负面影响。创始人最基本的作用之一，就是确定和推广一种愿景并得到员工和外部参与者的认同。创始人只有通过谈判与支持者达成协议并且得到内部团队的认可，才能让这份愿景发挥应有的作用。这一类的沟通包含两种不同的谈判。创始人容易出现的问题是，太过坚持自己的企业发展愿景，因而听不到或不接受其他人提出的问题。

- **与早期客户谈判。**企业需要在初创阶段开展与早期客户的前线谈判。在最初的讲述融资演讲稿获得成功，或经过一段时间的市场调研之后，谈判的重点会集中在条款（价格、交货方式、数量等）和风险（日程安排、质量等）两方面。创始人在这类交涉中容易出现的典型问题是，有可能对企业有能力生产的产品和产品的出产时间过于乐观，或者对需要攻克的技术问题过于自信。创始人的另外一个典型错误是，认为最初达成的销售订单是一种单纯的商业行为，而忽略了促使客户冒险与小型初创企业达成交易的情感动因。

- **确认风险投资条款说明书。**很多人认为阻碍创业企业取得成功的主要因素是与风险投资公司之间进行的投资条款谈判。这类谈判的结果通常取决于这家企业的估值计算。风险投资方希望降低估值，这样他们就能通过投资获得这家企业比较多的股权。举个简单的例子，如果一家企业在投资之前的估值（即投资前估值）是300万美元，而风险投资方的投资额是100万美元，那么他们就能购得这家公司25%的股权（这家公司的投资后估值是400万美元，即投资前估值300万美元加上新资金100万美元的总和，而风险投资方的100万美元投资就会转化为100万美元除以400万美元投资后估值的股权）。如果在此之后，这家企业以2000万美元的现金价格售出，那么风险投资方就会得到售出总额的 25%，也就是 500 万美元，回报率为 500%（指投资数额的 500%）。风险投资方希望降低估值，而创始人和天使投资人却希望保留这家企业较大比例的股权，因此会尽力提高公司的投资前估值。除了投资，风险投资方还能带来其他的附加价值。跟天使投资人一样，与风险投资方的谈判重点依然是股权分配和控制权。风险投资方通常会聘用专门处理此类事务而且经验丰富的专业公司。在投资完成后，他们就成了重要的外部支持者，通常会获得董事会席位和优先股东权利。创始人在此类谈判中经常出现的问题是，视野过于狭窄或过于关注价值的设定。这通常会导致双方持续地讨价还价而忽视其他创造价值的重要机会。

- **聘用高层管理人员。**这种谈判通常发生在获利阶段，与聘用早期团队成员的谈判相似，但是更加复杂，因为这类参与者的经验更加丰富。此类高级管理人才的经验有时候比创业者本人还要丰富，而且进入公司后要担任高层管理者，因此他们会要求掌握一定的控制权并要求自己的付出得到巨大的回报。他们会成为内部支持者。此类交涉经常出现的问题是，创始人一般会尝试独自处理这种谈判，而且大公司思维模式与初创企业思维模式之间存在文化差异，创始人必须做好这方面的调整。

- **明确扭转点。**当外部影响力发生变化或公司需要转变方向时，牵涉其中的所有人都必须进行调整。出现扭转点时，决策制定过程必须征求内部和外部两方面参与者的意见。这类谈判完成后通常要实施重大的举措，比如放弃一个基础产品，付出巨大的代价修改组织的基础架构，开除特定的员工为新的专业人员留出职位。参与者可能会变得非常情绪化，因为谈判内容会涉及信任、忠诚和公平等问题。属于这一类型的另一种谈判就是当企业决定要拆分出一部分资产成立全新独立实体的时候，参与者会通过一系列的谈判决定不同人员和资产分别归属于哪个实体。

- **梳理与战略投资方的关系**。战略投资方在获利阶段的加入要经过复杂的谈判过程。战略投资方与普通的财务投资者（例如天使投资人和风险投资方，当然，两者的参与活跃程度并不一样）不同的是，后者的关注重点是财务回报和初创公司能否取得成功，而战略投资方本身就是相应市场的积极参与者，因此他们与初创公司建立关系时带有一些非财务（或称为战略）性质的目的：他们可能是潜在的客户、潜在的市场合作伙伴、潜在的竞争对手，甚至有可能是潜在的收购者，他们为初创公司投资的目的是密切关注这家企业的动向，或许在收购的时候可以获得有利的条件。因此，战略投资方可能会与初创公司存在利益冲突。他们最主要的目的是让自己的公司在市场上取得胜利。例如，如果初创公司与战略投资方的竞争对手建立了某种关系，引起了战略投资方的不满，那么双方在讨论中就有可能产生矛盾。监管机构的规章制度发生变化时也有可能出现类似的问题。战略投资方最初是初创公司的外部支持者，但未来有可能转变为初创公司的竞争对手。但是，与战略投资方合作可以给创业者的公司带来巨大的认证、品牌推广、市场营销和学习等方面的机会，而小公司单靠自身很难得到这样的机会——例如将一种新的产品迅速推向市场。战略投资方转变为外部支持者，就会要求掌握一定的控制权和信息权，但赋予相关权限的大小经常会让双方陷入艰难的谈判过程。战略投资方认为自己的加入会提高初创公司的感知价值。创业者在参与此类谈判时经常遇到的问题是，虽然双方的利益并不相符，但因为战略投资方的经验更加丰富，创业者往往会在不该妥协时妥协。

- **确认佣金。**激励计划的谈判是一种非常典型的前线谈判，谈判的对象不仅包括承担前线工作的职员（例如销售或商业开发人员），也包括受聘作为公司代表的承包商（分销商、营销代理商、人力资源代理、融资顾问等）。与这类公司和个人谈判时，创始人最常出现的问题是过于乐观，分给对方太多的控制权而没有将眼光放得更加长远。

- **科学地进行下一轮风险投资。**一家雄心勃勃又发展迅速的企业通常在第一轮融资结束后再进行下一轮融资。理想情况下,企业价值的增长速度会比增加资金的稀释速度更快。这一次与新风险投资方之间的投资条款谈判同样取决于企业价值的确定。在这一轮的谈判中,前期已经投入资金的风险投资方站在了创业者一边,也就是提出投资条款说明书的新投资方的对立面。旧的风险投资方和创始人、天使投资人以及现有的投资人,都希望公司的价值更高,不希望手中的股权"稀释"得太严重或减少对这家公司的持股比例。我们继续使用之前的(简单)范例,如果这家公司没有被收购,反而得到了一笔500万美元的新投资,其投资前估值为2000万美元,那么25%的股权就可以换算为投资前估值的四分之一,也就是500万美元的价值,而现在变成了企业投资后估值的20%(500万美元除以2500万美元的投资后估值)。现有的投资方和创始人似乎完全站在同一阵线,但如果这样想就错了。我们必须明白各方的利益存在差异,因为现有的投资者也可以选择加入新一轮的融资。这对各方来说都是好事,因为这证明大家都对企业未来的发展满怀希望。但是,现有的投资人会因此持有不同的立场:作为新的投资方,希望企业估值较低;作为现有的投资方,希望企业估值更高。创始人在此类谈判中遇到的典型问题是,视野过于狭窄或过于关注价值的设定而没有考虑到现有投资者的利益冲突问题。

- **思考风险投资估值打折的问题。** 很多创业者认为,在与风险投资方商讨投资条款时遭遇估值打折是他们最惨痛的经历。发生估值打折时,人们只注意到创业者为了获得新一轮的融资接受了降低估值的条件。但是估值打折造成的后果实际上更加严重,需要创业者同时与现有的外部支持者和未来即将加入的外部支持者进行谈判。当估值打折时,所有的现有股东和未来股权的持有者(例如可以参加员工持股计划的员工)都会发现自己的股权被严重"稀释"或价值有所减少。还是继续刚才的范例,如果公司在投资后估值达到2500万美元以后,遭遇了成长和市场方面的严重问题,此时有新的投资者愿意再次投入200万美元,但是企业的估值只能定为1000万美元,那么一位拥有20%股权的投资者(或创始人),原本投资价值为500万美元,现在投资价值就下降到了投资前估值1000万美元的20%,因此,在估值打折后,他所拥有的股权就会被稀释到16.7%。账面价值只剩下200万美元。有些前期投资者还会约定"反稀释"条款,将自己的股权稀释程度降到最低,而持有普通股权的创始人则会蒙受更大的损失,此时创始人就会感到更加不公平。创始人参加此类谈判时最常出现的问题包括,跟上一条一样,"视野过于狭窄",只关注价值,另外,创始人还可

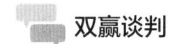

能出现一系列的认知偏差问题（比如反应性贬值），让自我意识和情绪成为谈判的阻碍。

- **科学处理知识产权纠纷。**与竞争对手或"专利流氓"（借助专利方面的合法要求来敲诈或威吓其他人的个人）之间的法律纠纷在初创企业获利阶段时有发生。这种纠纷与企业和客户之间的普通商业纠纷不同，跟企业和员工之间的劳务纠纷也不一样。在知识产权纠纷中，双方的"关系"开始于突如其来的一场诉讼或一封律师函（而不是双方关系发展一段时间之后产生的纠纷）。外部实体以自己的律师作为与初创企业交涉的前线代理。创始人在进行此类沟通时经常出现的问题是，落入胜负之争的思维模式，受情绪左右影响问题的解决，因为此时创始人的沟通对象是代理而不是他们所代表的实体，所以还有可能产生大量的代理问题。

- **聘用首席执行官（或首席运营官）。**有些时候，新入职的首席执行官也会给企业投资，一般来说，他们既是内部支持者（职员）又是外部支持者（董事）。成长阶段，高层管理人员的聘用会更加复杂，其中的相关问题包括上下级安排以及高层主管与创始人的关系。高层新成员的加入还有可能会引起董事会的动态变化，并在董事会中形成小团体。此外，创始人通常会认为自己就是企业的最高主管，而新任首席执行官和首席运营官的出现和参与，可能会给创始人带来不小的挑战。此类谈判中的问题主要集中于自我意识（威胁到创始人的权威）和控制力的竞争（胜负心）。

- **谨慎选择风险债权。** 风险债权与风险投资的情况类似，只是比较缓和。风险债权的持有人通常以借款人的方式获得回报（以某些资产作为担保）。除此之外，债权方还会获得一些股权（或者得到未来允许他们以比较有利的条件购买股权的承诺），但是比同等资金额度的风险投资所获得的股权要少得多。风险债权方一般不会积极参与公司的管控，而是更倾向于作为企业的"被动"支持者。如果经营状况变差，他们可以行使权力更加积极地参与企业事务，但一般都是为了保护自己的利益。创始人在进行这一类的交涉时经常出现的问题是，过于乐观而且总是执着于讨价还价。

- **解聘早期团队成员。** 成长阶段的企业有时需要解聘早期的团队成员。这种情况一般出现在内部支持者的关系发生变化的时候。对于创始人来说，这类谈判经常出现的问题包括，可能会引起法律纠纷，处理变化时个人色彩太过强烈，有可能会对初创公司刚刚形成的企业文化造成影响。

- **联合经营 / 占领新市场。** 出于发展的需要，某些外部实体可能会主动提出成为企业的合作伙伴。双方可能会在创业企业不熟悉的市场中成立一家与创业企业关系密切的新实体，而新实体的经营则要依靠合作伙伴的经验和专业知识。这可能会给所有的内部支持者和前线参与者带来一系列的连锁反应。由于合作的外部实体自身的缘故，合资成立公司或转移到新市场的举动可能会对创业企业与外部支持者的关系产生巨大的影响，还有可能威胁到创业企业已经形成的企业文化。开展这类谈判的创始人往往会倾向于独自处理相关的问题，此时创始人有可能会因为以自我为中心而导致误判或对文化产生错误的理解。

- **投资银行家**。在扩张阶段聘用专业代理有很大的好处（很多时候甚至可以说非常必要），原因在于这类代理的专业性很强而且人脉很广，可以帮助企业接触到更多的投资者和财务资源。其中的风险在于，创始人要将融资演讲和企业定价的协商工作交给代理人。创始人在参加此类谈判时经常出现的问题同样包括自我认知、控制力和希望独自处理的想法。

- **成立工会**。公司规模扩大（各地的标准可能有所不同）之后，企业员工可能会希望成立工会。或者，也可能会牵涉更多的法律法规。劳资谈判的历史很长，创始人如果没有这方面的谈判经验，最好能请人帮忙。如果双方不停地讨价还价，很可能会致使问题升级，给企业造成严重损失。

- **创始人离开**。很多创业者经受过的最严重的打击就是董事会/股东/首席执行官要求创始人离开公司。这种谈判经常会拖很长时间，但是当企业规模扩大到一定程度之后，这种情况几乎无法避免。我们在前面提到的谈判中可能出现的问题，在这种交涉中几乎都会出现，包括以自我为中心、情绪过激、讨价还价、过分高估自己的能力、拥有认为事情总会解决的乐观态度等。

- **企业并购。** 企业在追求企业成长和扩张的同时（或实现之后），可能会想要收购另外一家公司（初创企业）或与另外一家公司合并。此时个人的利益可能会与公司的最佳利益发生冲突。例如，两家公司合并之后只能有一位首席执行官，需要解决很多的控制权限和文化冲突问题。创始人在进行这类谈判时，或许应该多带几位顾问，因为这种谈判容易出现的问题种类非常多。

- **退出——被战略投资方收购。** 战略参与者在初创企业发展的任何一个阶段都有可能提出收购的提议，通常是依照企业估值的某个数额购买所有的公司股权。从创始人的角度来说，这当然是一种肯定，同时也预示着一大笔财务收入。但同时，这也给创业者的这一次创业设想画上了句号。最终决策的制定者可能是创业者本人（在早期的几个阶段），也可能需要获得外部支持者的一致同意或大多数支持。有关创业者的退出谈判充斥着各种难题。创业者经常出现的错误包括以自我为中心、情绪过激、太过看重输赢（讨价还价）、太过乐观地认为企业未来一定能规避风险，以及希望自己能独立做出重要决策。

- **退出——资产出售。**战略参与者有可能在初创企业发展的任何一个阶段提出购买企业的部分资产，例如某种产品、技术或某个团队。也就是说，初创企业会经历一些变化，但是仍然会继续经营下去。企业可能需要将出售得到的部分收益分给股东（包括创始人）。这类谈判中，以及下面两段的退出谈判中容易出现的问题，与我们在上一段中列举的问题相同。

- **退出——私募股权收购或公开募股。**一家掌握私募股权（PE）的公司可能会提出收购初创企业，银行家也可能会提出让初创企业通过首次公开募股（IPO）的形式上市（例如在纳斯达克股票交易市场）。私募股权公司会在谈判中提出自己的愿景，并尝试获取初创企业的控制权。首次公开募股就意味着让初创企业全面对外公开，未来需要面临更高层次的监管和更多的繁文缛节。私募股权收购或首次公开募股一般会采取出售股权的形式。通常会有针对包括创始人在内的现有股东可以"清算"（也就是转化为现金）多少股权的规定。

- **退出——关停。**初创企业在任何一个阶段都有可能关停。企业关停的原因可能是缺少资金，也可能是股东商议后决定最好还是进行清算并瓜分现有的资产。在一家初创企业的生命周期中，关停就意味着"死亡"。因此，这一类的谈判自然也会进行得非常艰难。创始人如果自己处理这方面的谈判，过程中就很容易出错。

当然，我们不能要求创业者在成立一家公司的时候就有能力妥善应对以上所有类型的谈判。第一次创业的人当然经验会比较少，已经多次创业的人同样也会犯错。哪怕某一位创始人将企业发展壮大并当上了首席执行官，并且最后顺利退出，也未必在整个过程中经历过所有不同类型的谈判。上述各类谈判中有些令人极为不快，我们希望大家可以幸运地躲过它们。另外，我们认为所有的创业者都应该做好准备，这样才能在出现情况时从容应对。我们的意思是，大家应该具备辨别相应情况的能力，并且能够找到自己需要的助力，进而做到提前规避、及时发现和妥善应对。

谈判过程中的阶段性成果

创业过程中建立的很多合作关系都会持续相当长的时间，相关方要签订很多的协议。这种长期的合作关系需要经历很多次的谈判。我们在前文介绍了各种类型的谈判，实际上所有的合作谈判都要签订至少一份主要的协议，有些时候要签订好几份协议。在保持合作关系的这段时间，相关方会取得很多个阶段性成果，其中不少阶段性成果都会对签订的协议产生重要影响。每一次谈判过程中还会有专属于本次谈判的阶段性成果。下面我们会介绍其中一些典型的商业谈判阶段性成果。每次谈判时，相关方通常会商定一个主要的谈判议题，或者一份谈判议程的列表。谈判议程确定之后，相关方会列出已经达成一致的主要条款。这表明参与谈判的各方有达成协议的意向，也是以非承诺的形式表达自己的意愿，因此列表的名称可能会是"非正式意向书"或"意向书"。接下来达成的一个阶段性成果，就是各方通过谈判商定主要的条款之后，起草"条款说明书"或"谅解备忘录"，其中一般会包含一个条款，申明各方愿意做出何种限度的承诺（以期未来签订正式协议）。相关方要根据这份草案编写详细的条款说明书（或谅解备忘录）并签字，然后在这份文件的基础之上，为签订正式协议进行更加细致的谈判。这份正式协议可能需要征求更多参与者（以及更多律师）的意见，需要经过更加复杂的流程（例如大额资金的转移、监管机构的批准、需要更多相关方签字）。通常在签订这种详细的协议之前，各方还会签订一份协议草案，这也是一个阶段性成果。所谓谈判达成，是指相关方正式签订协议，或者在签订协议并且所有的相关流程全部完成之后，协议开始正式生效。大部分协议在"达成"之后还会出现几次在紧急情况下获得的阶段性成果，这也是完成协议内容的部分工作，也有可能给这份协议增加相应的条款。在清单2中，我们列出了商业谈判过程中的几个典型的阶段性成果。

清单 2　商业谈判过程中的典型阶段性成果记录

商业谈判过程中的典型阶段性成果

谈判议程

主要条款（意向）

条款说明书草案

正式条款说明书

协议草案

正式协议

达成

协议达成后的应急阶段性成果

创业者的很大一部分时间都要用来谈判。谈判贯穿着创业者的所有长期合作关系。有些时候创业者需要应对突如其来的谈判。有时要迅速开始谈判；有时谈判的起因是莫名出现的外部力量；有时是创业者忽视内部动态变化而"酝酿"出的压力。我们认为，谈判失败是大部分创业者最终落败的根本原因，所以创业者必须了解如何避免谈判失败，以及谈判失败之后应该如何补救。我们对很多的企业家进行过调查，结果显示，创业者面对的几乎每一种互动关系都是对谈判能力的一种考验，只有做好准备，努力拓展谈判知识和提升谈判技能的人，才有机会在创业中获得胜利。

第 3 章
创业者的谈判
CHAPTER 3

创业者必须承担风险

无论你是已获得某些成就的创业者，还是尚未适应这个头衔的创业者，有一个事实是显而易见的，那就是你可能已经拥有很多与创业有关的技巧和习惯。

创业者需要具备质疑现状和推动变革的能力。创业者还需要开拓全新的领域，有时还要敢为人先，尝试别人没做过的事情。随着公司的发展壮大，还会发生更多变化。企业的创始人和早期团队成员必须适应不断扩大的公司规模和复杂情况，并且应对内外部的发展变化。以上风险都需要创业者不断提升谈判的能力。

但遗憾的是，在上述风险中，有些风险往往不会被提及，甚至被认为是不需要讨论的问题。风险可能与技术的不确定性或与市场形势有关，还有一些最不被提及的风险与人有关。我们认为有必要对风险等级进行量化的定义，并且我们将再次讨论上一章提到过的一个案例——创始人退出的谈判案例。

设想一下，一位身为公司创始人兼首席执行官的创业者，他每周工作60小时。他亲自负责招聘员工，了解所有客户。同时，他提出各种创新理念，用自有资金进行投资，参与公司所有重要的发展节点，也因此处于最核心的地位。但现在要考虑聘请外部人员，替代这位创业者的首席执行官身份，这将是一件多么令人不安的事情。

罗杰·费希尔（Roger Fisher）、威廉·尤里和布鲁斯·佩顿（Bruce Patton）在《谈判力》一书中谈到了谈判的七个要素，其中一个要素被称为客观指标，也就是标准（2011）。在谈判中，以一些被认为"中立"或客观的标准/事实为基础，建立自己的期待，这样的方法是行之有效的。尽管创业者会本能地拒绝一些不适用于自身情况的数据，但我们发现将这些数据摆在他们面前，可以使他们保持清醒，并且会引起他们的深刻反思。与此同时，创业者能由此找到自我辩白和保全体面的解释，以便在达成协议后使用。在我们的案例中，如果我们的谈判目标是劝说公司的首席执行官卸任，那么我们可能会引用一些合理的调查数据，向对方表明大多数公司在达到一定的规模或阶段时，由公司创始人兼任的首席执行官职位将被其他人取代。在《创业者的窘境》（*The Founder's Dilemmas*, 2011）一书中，诺姆·沃瑟曼（Noam Wasserman）提出了可以在这种谈判中使用的客观数据（2011）。我们认为在为这种类型的谈判做准备时，很有必要将这些事实依据作为一个重要的部分。事实上，在每一轮融资中，作为投资条件之一，投资者都有可能要求创始人放弃其兼任的首席执行官职位。曾有人针对数千个案例进行过一项调查，调查结果表明，在首轮融资结束后，大约15%的公司创始人兼任的首席执行官职位会被他人取代，而在第三轮融资结束后，一半以上的公司创始人兼任的首席执行官职位会被他人取代。值得关注的是，在公司创始人兼任的首席执行官职位被他人取代的案例中，大约四分之三的创始人并非自愿辞职，而是被解聘的。如果谈判进展顺利，创始人将获得更多控制权，并且被允许在卸任后更多地参与公司事务。

人际关系以及与人有关的问题，是高潜力初创公司失败的主要诱因之一。沃瑟曼用十年的时间研究创始人一生中的决策点，他的研究表明，约65%的高潜力初创公司失败的原因是人际关系以及与人有关的问题。这些决策点包括是否要和亲戚朋友一起创业，如何及何时在创始团队内部分割股权，如何判断一位成功的创始人兼首席执行官是否应该卸任或被辞退。这些问题都强调，创始人需要不断地平衡好两件事：控制初创公司、吸引最佳资源促进发展公司。同时，这些问题还说明了，为什么一些简单的短期选择从长远看可能是最危险的。为了讲清这一点，沃瑟曼用"富人与国王"（Rich vs. King）的比喻描述了这样的窘境。

创业者需要面对风险，需要有能力克服挑战，以确保公司顺利发展，甚至在创办公司并且引领公司从一个阶段发展到另一个阶段之前，创业者就已经证明他们有能力取得成功，并且已具备应对风险和走出逆境的能力。

曾经有助于你成功的习惯也可能给你带来麻烦

遗憾的是，大多数人在年轻时都没有机会学习如何谈判。

相反，我们完全依靠自己习得了一些技巧，并且经过反复的试错之后，我们的习惯变得根深蒂固。我们模仿周围的人（包括我们的父母和看护人），并且在操场以及教室和我们的兄弟姐妹及朋友共同掌握了一些社交技能。后来，我们模仿身边的领导者（包括老师、经理、主管、高管等）。无论是偶然习得还是在他人的指点下习得，我们的一些习惯都有可能带领我们走向成功。当然，我们更希望坚持一些有用的东西。有时，我们讲给自己听的故事——我们自己的成功故事其实是错误的，但我们根本不知道。这就是有些公司领导者最后成为会议室的"恶霸"的原因——他们曾经也是操场上的"恶霸"。还有一些领导者因为不希望得罪任何人或者因为害怕获得不好的评价，于是以一种过度合作的方式管理公司，也因此错过了一些有前景的机会。曾经帮助领导者获得成功的习惯，如今却让他们陷入了麻烦。

在日常生活中，我们很少花时间反思自己做事情的方法，也很难关注到那些可能使我们陷入麻烦的习惯。在为学生和公司高管提供谈判培训的过程中，我们也看到了这一点。有人自信地将自己描述为熟练的谈判人员，但在角色扮演练习中，他们的表现往往与这个描述大相径庭。他们宣称自己是解决问题的专家，但是在案例分析练习中，他们会错过最显而易见的解决方案。同时，他们不懂得如何利用他人的支持。这些人也很难对自己的谈判方法进行审视。他们拒绝按照我们建议的新方法处理事情：他们认为我们的建议不切实际。课堂表现不佳的他们将责任归咎于模拟练习中的对手（他们在现实生活中也是如此）。但我们其实更清楚这到底是怎么回事。我们深知，如果能真诚地接受新理念，并且愿意接受他人的反馈，他们会发现在某些情况下，他们自己就是失败和陷入困境的原因。到那时，也只有到那时，他们才能真正地有所改进。

创业谈判技巧是可以学习的

不是所有东西都可以从不断重复的经验中习得。你可以提升创业技巧，特别是当你愿意从他人的失败经历中学习时。创业精神并不是天生的特质，而是可以通过学习获得的。

创业精神对美国公司（例如苹果、谷歌、脸书[①]公司等），特别是对产业区（例如硅谷、肯德尔广场/波士顿等）的发展有着十分重要的影响，因此很多高校都开始教授创业学。

麻省理工学院鼓励学生创业的传统可以追溯到其创立之初，它的建校宗旨是为学生提供实用教育（当时，其他高校主要专注于传统教育）。麻省理工学院的校训是"手脑并用，创造世界"（拉丁文 mens et manus，英文 mind and hand），学校设立的课程强调在实践中学习。2014 学年到 2015 学年，麻省理工学院开设了 60 门创业课程，还不包括不计入学分的"新

---

① 脸书（Facebook）现已更名为元宇宙（Meta）。——编者注

兵训练营"（boot camps）、创业竞赛（包括著名的 100K 大赛）以及由强大的校友会支持的研讨会。

美国的州政府和市政府也纷纷鼓励创业，利用当地的指导计划推动创业生态发展。波士顿的成功案例包括技术合作组织马萨诸塞州生命科学中心（Massachusetts Life Sciences Center）、非营利组织 MassChallenge 等。

创新企业的创始人通常会面临高风险和各种不确定的情况。在很多情况下，他们没有明确的先例可以效仿。而现在的创业培训课程，例如麻省理工学院提供的课程，可以帮助创业者习得所需的技能，确保创业者在涉猎新技术、生命科学、房地产开发、社会企业等领域时能做到游刃有余。这些课程包括管理决策、市场机会分析、现金流管理、产品开发、精益测试、行业分析、创业融资、人力资源管理和公司治理。

同时，创业者需要做好准备，积极应对以实践和应用为主导的现实世界。这意味着创业者在处理供应商协议、劳动合同以及投资意向书的同时，还需要学习如何管理人才和团队。学习理论和在实践中应用理论，这是截然不同的两件事，二者的区别就如同学习音乐理论和在乐团弹奏乐器的区别。要奏响创业技能这门乐器，创业者必须不断练习，学习如何在无法预测的情境下与他人互动。

好消息是，在一些大学课程中，创业者也能学到上述领域一些必要的理论和实际操作。近年来，在哈佛大学法学院开设的谈判项目中，我们一直为全球各地的学员提供有关谈判与

第 3 章
创业者的谈判

领导力的培训。谈判项目由多所高校联合打造，包括麻省理工学院、哈佛大学和塔夫茨大学。我们的宗旨是提升谈判领域的理论和实践水平。多年来，我们撰写了各种书籍和文章，研发出了多种教学方法，并且为超过 5 万人提供了在职培训。在这个过程中，我们看到了此类培训的重要意义，也看到了它对个人的职业生涯及生活产生的积极影响。很多时候，效果是立竿见影的；有些时候需要很长时间才能看到效果。

曾有人针对商业世界的有效谈判进行实证研究（此类研究与实验室的实验截然相反），例如雷克汉姆（Rackham）和卡莱尔（Carlisle）的实证探索。这些研究表明，真正的谈判专家会用两倍的时间提出问题（20% 对比 10%，10% 为对照组的"常规"销售谈判人员所用的时间），并且与专业水平更低的谈判人员相比，谈判专家用来提出反对建议的时间要少一半（1978）。他们还会更多地谈自己的感受，而且不会用太多时间为自己的提议辩护，但是他们会用两倍的时间去理解对方的关注点。这些都是值得学习的技巧！

在谈判项目中，我们主要通过面对面的角色扮演模拟实战展开教学内容。学员可通过模拟实战评估自己的谈判技巧，尝试新的处理方法（不存在任何风险），与他人的谈判风格（以及谈判效果）进行比较，并且收到个性化的反馈。我们还鼓励学员对自己的体验进行复盘，并且为其他人的学习献策献力。

应用心理学家哈勒姆·莫维斯（Hallam Movius）分析过大量关于谈判培训效果的实证研究结果。莫维斯得出的结论是培训可以对行为和公司成就产生影响（2008）。根据他的研究结果和我们的经验，我们认为，相较于那些感觉自己在工作中缺乏控制权的人来说，认为自己在工作中对结果有更多掌控的人（很多创业者都如此）很可能在培训中获益更多。我们的培训经验也验证了纳德勒（Nadler）、汤普森（Thompson）及范博文（Van Boven）的研究结果。他们的研究结果表明，向他人展示成功和失败的谈判案例，是帮助其学习新行为的好方法（2003）。

我们尽量将这些经验写入了本书。我们希望大家能认真阅读本书，并且观看成功创业者的访谈内容，听他们分享自己的错误和失败，然后从中学到所需的知识。我们希望帮助大家为将来可能面对的最重要的互动交流做好准备。我们也希望在问题突然出现时，大家能及时地纠正错误。

更好的谈判成就更优秀的领导者

创业者做的很多事都需要与相关领域的其他人互动。能够成功地与对方沟通并且影响对方，最终达成一致，这是成功的关键。对于创业者来说，多次谈判的结果将决定公司是发展、停滞还是失败。

创业者的领导力就是领导才能。它需要的不仅是个人魅力、远见卓识，还包括具备在行政命令式的环境中脱颖而出的能力。即使是管理人员要求员工按照其希望的方式做事,也存在一定的局限性。经验丰富的领导者懂得如何激励和影响他人,并且让他们心甘情愿地执行。萨拉科斯在他的《真正的领导者谈判!》(*Real Leaders Negotiate!*)一书中提出,领导者能在不断进行的谈判中使自己获益、行使权力和稳固自己的领导地位(2017)。真正的领导力包括在内部和在外部谈判的能力。

谈判是指两个或多个企业实体为达成一致目的,围绕某个计划、产品和/或关系进行的沟通。一份成功的协议应该符合双方的利益,应该比任何备选行动方案更有效。萨斯坎德在《哈佛双赢谈判课》(*Good for You, Great for Me*)一书中表示,要达成这样的协议,通常需要尝试和探索多种选择或方案,并且双方需要提前同意最终决策的参照标准(2014)。一份令人满意的协议需要包含双方一致同意且能够确保双方履行承诺的方法。协议还需要强调保持良好工作关系的重要性,特别是当双方有可能再次打交道的时候。

创业谈判在很多方面是独一无二的。情绪和复杂性是它独一无二的原因之一。我们将探讨在面对情绪反应导致的盲目性时,善于谈判的成功创业者会使用哪些策略和方法。我们还将帮助大家尽量做到不被自己的情绪,尤其是不被自我意识所控制。投资人在投资某家公司时,人才是他们购买的主要资产之一。因此,在创业者的交易中,完成交易只是重要事项之一。双方友好握手,表明他们对一段关系做出了承诺,而且这段关系将保持较长时间。创业者的谈判方法将决定各方的合作

双赢谈判

是更轻松还是更艰难。如果各方确定他们的利益是一致的,那么在未来应对不确定性和复杂性时,各方也会更加轻松。

在创立和管理初创公司时,创业者必须应对不确定性和技术的复杂性。创业者在谈判时需要特别关注可能出现的各种情况。创新者和创业者提出的很多东西都具有突破性意义,因为他们用一种与众不同的新方法将事物关联在一起了。不过,这意味着他们很难将设想的东西解释清楚。那么如何才能将非常复杂的东西讲清楚,以确保那些没有相关技术背景的人也能听懂呢?

我们将回到关于第1章提到的法伦和费尔南多的故事,进一步阐述情绪、人际关系、不确定性和复杂性因素对创业经历的影响。在他们的故事中,我们介绍了一些重要的谈判术语。在后面的章节中,我们将更详细地分析这些术语,特别是与我们分享的经验和工具有关的术语。

下面我们将重读第1章提到的法伦和费尔南多的"成功"故事。请大家特别关注加粗的术语。

法伦与费尔南多的初识

法伦是一位经验丰富的工程师,刚为自己的一项新发明申请了专利。

费尔南多是一位从业多年的企业高管,在市场和营销方面的阅历十分丰富。他当时正在寻找新的商机,并且有足够的资金去投资一家新公司。法伦的"概念验证原型机"实用性很强，而且她还撰写了出色的商业计划，并精心准备了介绍资料。在一次晚餐聚会中，法伦的一位前同事把她介绍给了费尔南多。两人相谈甚欢，互相欣赏，而且都认为，如果他们能一起合作或许可以创造出更高的价值，于是他们考虑共同创办一家新的公司。

在两人第一次正式谈判之前，法伦和费尔南多都花了不少时间**做准备**，希望把各自的**权益**划分清晰，也就是说，把两人各自最看重的地方说清楚。他们认真思考公司股东的退出机制，换句话说就是，他们应该如何从公司退出来，而不需要被迫接受某种商业协议。他们的两个**退出方案**，也就是谈判家们经常说的"**交易空间**"或"**可达成协议空间**"。

法伦请教了一位自己信赖的商业顾问，并和顾问一起，根据她期望所创设公司的商业价值，估算出了可能达到的商业目标。这位顾问建议法伦认真考虑自己可以接受的、最低限度的协议标准，并告诉她，这叫"**最佳替代方案**"。法伦向顾问承诺，在她得到这位顾问和律师的咨询意见之前，不会做出最终**承诺**。这些人组成了她的**智囊团**。法伦还收集了很多有关费尔南多本人以及他以前工作经历的信息，认真评估了费尔南多可能提出的利益要求和他的最佳替代方案。

与此同时，费尔南多也进行了**尽职调查**。他把能找到的有关法伦以及她的发明的所有信息都收集到一起，并向自己的顾问介绍了法伦的这项发明。他请教了以前的几位客户，想评估一下，如果自己转移到新的事业方向，这些人成为新公司客户的可能性有多大。这几位客户鼓励他可以深入了解一下可能性，但是不要轻易做出承诺。这些人组成了费尔南多的智囊团。

费尔南多和法伦都考虑通过**代理人**进行谈判。因为法伦担心自己在金融方面没有足够的经验，可能会**感性**战胜理性，影响谈判的结果。而费尔南多则担心自己在**技术方面**不够专业。他知道，无论自己积累了多少经验，都有可能因为**偏见**而对法伦传达的信息产生误解。

费尔南多和法伦就**谈判议程**达成了一致。谈判内容包括他们各自对公司都可能会有哪些贡献、所创设公司的未来估值、收益的分配，以及面对无法避免的风险应该如何应对。法伦和费尔南多都希望站在各自的立场上尽量解释清楚，他们为了各自的最大利益可以为公司**付出**什么。

最后，两人终于偕同代理人一起开始了谈判，并且在一开始就制定了谈判规则，阐明了谈判的**基本原则**以及所适用的保密规范。在进入核心内容的商谈之后，他们发现意见分歧还是很大的。分歧主要在于他们对公司产品和服务的市场规模有各自不同的想法。还有一个分歧点是，费尔南多应该获得多少**股权**以及适用的**股权兑现**方式，也就是说，费尔南多在各个时期分别应该得到多少公司股份，以及如果他提前退出，将获得多少承诺股权。两人都认为，他们必须重新考虑谈判的议程。于是二人商定在此次会谈结束后进行联合**调研**，进一步收集双方都**认为可信**的信息。他们还考虑签订一些**附加协议**，这样双方虽然对未来的发展抱有不同的意见，但仍然可以继续进行磋商。他们**假设**了很多未来可能出现的情况，这种做法也被称为"无承诺设想"。两人针对每个议程项目设计出了很多不同的**选项**，并根据重要程度对其进行了排序。然后他们将这些选项分别划入不同的**方案**，并根据两人的利益重点为每一种方案找出更多可能的**合作方式**。最后，他们还谈到，任何合作协议都必须包含一条**争议解决**条款，只有这样才可以在双方出现意见分歧时让问题得以迅速解决。

两人进行了多次协商，并与各自的智囊团成员交换了意见，最终达成了**协议**。法伦认为谈判的结果对自己非常有利。这份协议承诺的权益比她的最佳替代方案要高很多，几乎满足了她所有的要求。费尔南多的谈判结果也得到了智囊团成员的认可。他和法伦在协议中列举了各种突发状况，并承诺此后的关键性决策都要由两人共同制定。虽然协议并没有满足费尔南多的所有要求，但是他认为这套方案值得一试。法伦答应给他一定程度的控制权限，由于他承担的风险比较高，因此法伦也答应可以视情况给他更高的回报。

法伦和费尔南多在谈判时坚守各自的立场，但也会认真听取对方的意见并给予对方充分的尊重。他们找到了各自的合作价值，也**取得了**不错的**成果**。双方的谈话非常愉快并最终达成了**协议**。现在，两人都成了这家种子阶段公司的创始人，并且建立了良好的**关系**，未来将进一步开展合作。

你能说出法伦和费尔南多面临的最大的挑战吗？

- 在什么情况下，他们必须应对技术的复杂性？

- 不确定性对结果产生了怎样的影响？
- 从故事的开头到结尾，人际关系是如何发展的？
- 自我意识、身份和情绪对参与者的行为产生了怎样的影响？

观察各种企业家处理这些因素的方法，尤其是设身处地地考虑他们的问题，会使你从中学到很多东西。在考虑如何应对法伦和费尔南多遇到的困难时，你不妨认真想想以下几个方面的问题：他们如何将问题转化为机遇？他们如何处理人际关系冲突，又如何将这种冲突转化为更和谐的合作关系？面对不断变化的状况，他们如何调整早期的解决方案？在后面的章节中，我们将探讨每场谈判中必须考虑的企业家谈判要素（表3-1）。

表3-1 创业家谈判的关键要素

关键要素	支持因素
利益	欲望、需求、担忧
复杂性	事实、表述、科学、技术
不确定性	预测、机会、风险
人际关系	视角、沟通方式
情绪	文化、身份、自我意识
替代方案	交易失败后的退出方案
智囊团	代理人、约束条件、网络、当事人的动态
同盟	第三方、利益相关方、可能产生影响的人、可能制造阻碍的人

创业者谈判时最常犯的 8 个错误

多年来，我们一直在麻省理工学院、哈佛大学等机构担任顾问和老师，在此期间，我们有机会接触到了一些遇到上述挑战的创业者和公司高管。作为争议纠纷顾问和商业纠纷调解员，我们见过太多的案例，我们深知错误的交流互动可能对公司及人才造成怎样的严重影响。此类影响造成的后果包括：产生与风险评估及公司估值有关的纠纷、破坏人际关系和自我形象。除了自身的经验，我们还研究了与创业学有关的出版文献。我们根据目前能找到的文献资料总结了 8 个常见错误。谈判时，创业者在处理情绪、不确定性、复杂性以及人际关系时往往最容易犯这些错误。

很多书籍和文章都在讲创业者的成功故事。人类的大脑天生就会欣赏好的故事，成功人士的辉煌事迹也会给人类带来很多启发。但事实上，大多数创业计划都会以失败告终。因此，为了证明我们的观点，我们采访了一些创业者，他们也很乐意分享他们在谈判方面的失败经历。最重要的是，他们愿意在镜头前分享他们的故事，并且允许我们说出他们的名字。我们将在第 4 章中详细介绍他们的故事。

接下来，我们将根据接受采访的创业者和其他创业者的经历，详细分析谈判中最常见的 8 个错误。

错误1：创业者太过以自我为中心

创业者往往非常关注自身的利益（或许他们就应该这样做），但忽略了对方的需求及优先权。他们通常没有调查和了解对方的根本利益，当对方提出最初要求时会给出过度的反应（对方提出这些要求是他们的战术，也是掩饰其真实利益的一种方式）。他们往往一开始会表露出不现实或不合理的意图。然而，谈判参与者如果过于关注自己的意愿和担心，就会忽略可能给双方带来有利结果的线索。很多创业者在谈判时十分果断，这一点很好。他们学识渊博，善于说服他人，但他们不善于聆听。同时，他们很少去尝试理解谈判对手面对的压力（图3-1）。

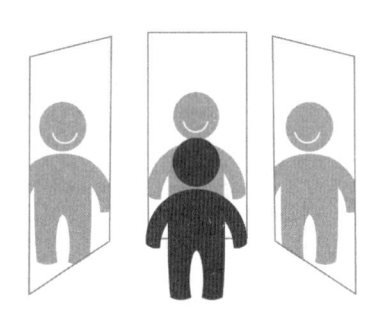

图3-1 创业者谈判时最常犯的错误1——创业者太过以自我为中心

错误2：创业者过于乐观和自信

创业必然会面临风险和不确定性。技术、工程和科学领域也必然产生不确定性。另外，破坏式创新、瞬息万变的市场以及难以捉摸的消费者行为也可能导致公司面临风险。同时，监管环境和经济的起伏变化会催生各种不确定性。尽管如此，许多创业者仍然对自己的预测能力非常自信。他们坚定地相信自己会成功（尽管著名的失败率统计数据已说明一切）。由于过度乐观和自信，很多创业者在签署协议时并未考虑一些不可预见的情况。同时，他们没有考虑协议有可能被撕毁，且相关参与人有可能做出不可靠的行为。由于这些原因的存在，他们签署的协议并没有约定相应的争议解决条款（图 3-2）。

图 3-2 创业者谈判时最常犯的错误 2——创业者过于乐观和自信

错误 3：创业者只想马上就赢

无论是否带着必赢的心态谈判，很多创业者的首要目标肯定是胜出。有人认为，达成一项优于替代方案的协议就是胜出。然而我们发现，对于自我驱动力强的创业者来说，他们首先关注的是打败对手，即使这样的胜出意味着他们最终获得的结果可能并不那么理想。他们认为谈判是"一锤子买卖"，却根本没有意识到，未来的合作甚至比现在洽谈的内容更有价值。他们通常不会考虑当时的表现和行为可能产生的长远影响，包括对信任度、声誉、未来的谈判以及长期关系的影响。他们也没有对同盟或智囊团成员的意见给予足够的关注，殊不知同盟和智囊团成员往往能为他们提出或否决的提议做出解释（图3-3）。

图3-3 创业者谈判时最常犯的错误3——创业者只想马上就赢

错误4：创业者太容易妥协

创业者是"实干家"。面对巨大的压力，他们会努力把事情做好。他们总是需要同时应对多项任务。他们感到自己总是需要快速地做出决定，然后继续推进。然而，出于时间成本的考虑，他们有时会接受一些介于双方利益之间的协议。他们甚至会认为让双方都痛苦的结果也是好的结果。只要是对双方都有利的解决方案，他们就会感到满意，并且不希望进一步"破坏现状"。这些做法将导致他们对未来的价值创造投入不足。他们追求快速（且可接受）的解决方案，而不去探索其他方案和寻找更有利的交易，因为这样可以让他们推动"更有成效"的实质性讨论，或者进入让他们感到更舒服（或者没那么不舒服）的讨论。有时，对冲突的抵触是妥协的主要原因。他们签署一份折中的协议，由此宣告胜利，但是殊不知，这份协议也许有一天会让他们后悔（图3-4）。

图 3-4 创业者谈判时最常犯的错误 4——创业者太容易妥协

错误 5：创业者孤军奋战

创业者习惯于精益运营。他们认为凭借一己之力或一个小团队，就可以完成竞争对手用规模更庞大的团队都无法完成的任务。他们也许偶尔能做到。然而，如果在谈判时仍然坚守这种独立精神，创业者就会独自为谈判做准备（而不向智囊团成员咨询意见）。他们会错误地解读某些不熟悉的信号、坚持不合理的立场甚至不合时宜地发泄情绪。即使是天资聪颖的创业者，即使他们读过最好的书、参加过专业的研习会或反思过自己的实践理论，他们也会错误地认为谈判是一个单打独斗的项目。他们没有意识到，内部的利益相关者其实和他们面临着同样的风险。他们秉承英雄主义的原则，将负责任和成为高效的团队领导混为一谈，但他们没有意识到谈判是一个需要群策群力的任务，绝不是单打独斗就能做到的（图3-5）。

图 3-5 创业者谈判时最常犯的错误 5——创业者孤军奋战

错误6：创业者执着于讨价还价

讨价还价是指买卖双方就某笔交易的价格互相争论，并且双方认为一方的收益必然意味着另一方的损失。这就是所谓的"零和博弈"，因为一方的收益等于另一方的损失，所以收益和损失相加的总和等于零。大多数创业者坚定地认为，他们的公司及其背后的理念是独特和宝贵的。他们往往能成功地说服其他人相信这一点。他们认为价格可以最好地验证其设想的准确性，并且会用价格来衡量他们的成功。很多创业者会产生"井蛙之见"，认为价格是谈判的唯一目标。他们将因此只关注这一个方面，并且为了达成目标而采取一系列激进的姿态，却忘记了考虑可以创造巨大价值的其他因素。讨价还价关注的是立场和威胁，这可能会导致双方被困在讨价还价的过程中，也很容易触发沮丧的情绪（图3-6）。

图 3-6 创业者谈判时最常犯的错误 6——创业者执着于讨价还价

错误 7：创业者过于依赖直觉

谈判需要一些临场发挥。谈判参与者需要在短时间内考虑很多状况和因素。这些都会导致一些意外情况的发生。因此，创业者必须善于表演：处理一些突发事件，并且迅速做出调整。面对困难，大家往往会倾向于依赖自己的直觉。这样一来，他们将很快舍弃先前所做的精心准备。创业者就像即兴戏剧演员一样，必须做好脱稿表演的准备。他们需要排练，背诵台词，然后在必要的时候给出反应。很多人会依赖于曾经帮助他们成功的直觉，但根本不清楚自己此前为何会成功。他们没有个人的实践理论。因此，他们常常会发现新的互动方式（或用老方法与新对手谈判）特别令人沮丧。他们并没有完全明白自己在做什么，也不明白自己为什么要这么做。因此，当谈判没有按照预期进行时，他们更倾向于指责对方。更糟糕的是，这些问题会重复出现，因为他们不知道到底发生了什么，也从来不会从自己的错误中总结经验（图3-7）。

图 3-7 创业者谈判时最常犯的错误 7——创业者过于依赖直觉

错误 8：创业者否定自己的情绪变化

和所有人一样，创业者也有情绪，也很清楚公平原则。如果不能得到自己想要的东西，他们会找一个"替罪羊"。如果感觉自己没有受到公平对待，他们就会被各种认知偏差而左右,并允许自己的情绪和自我意识凌驾于理智之上。对于那些否认情绪(和自我意识)在谈判中发挥重要作用的创业者来说,这些问题尤其突出。虽然他们表示"这只是生意",但他们高估了权力、影响力和控制力,并且低估了在谈判中看似较为柔的一方。这将导致他们错误地判断对方的想法。这样一来,他们也不会意识到,认知偏差会导致自我满足和自我封闭的结果,他们的准备工作也会因此出现偏差。坐上谈判桌的创业者就好像戴上了眼罩——他们只能听到自己想听的,也只能看见自己想看的(图3-8)。

图 3-8 创业者谈判时最常犯的错误 8——创业者否定自己的情绪变化

如何利用后续的分享案例

在下一章中,大家将了解不同创业者分享的故事。他们来自不同的行业，有不同的文化背景。他们的个人风格和经历当然也完全不同。在每个案例的开篇部分，都会有一位创业者分享他的故事。然后，我们会分析他们的错误，总结他们的教训。

我们将为那些希望避免犯相同错误的创业者提供最好的建议，包括预防和发现上面描述的8个错误，并且做出快速的反应。认为自己不会犯错的想法是不现实的。因此，我们认为大家有必要先认同以下几点：

- 问题是存在的，不要回避问题，必须做好应对问题的准备。
- 只有意识到问题的存在，并且把握好自己的回应方式，才可以解决最常见的问题。
- 大家可以通过合理有序的准备工作避免很多问题的发生。
- 有一些已经通过验证的理论和实践方法是值得借鉴的。

在阅读下一章的创业者案例分析时，我们建议大家做一些笔记。笔记的内容包括：你认为好的做法、你认为专业人士应该做到的事情，或者你认为更好的做法。大家还可以将自己的想法和我们的观点做一个比较。

第4章
痛定思痛：企业家谈失误
CHAPTER 4

第 4 章
痛定思痛：企业家谈失误

在本章中，图4-1中的创业者描述了他们在处理复杂的创业谈判时所犯过的一系列错误。其中一些错误导致他们不得不解聘员工，财务困难，协议失败，甚至公司倒闭。我们采访的企业家来自技术和生命科学等各行各业，有不同的文化背景，公司规模也大小不一。他们有非常不同的个性。他们有的已经是业界名流，而有的则初出茅庐。他们都非常坦诚，反思自己的错误，并希望可以对他人有所助益。我们非常感谢他们的无私奉献。

这些创业者从很多方面来讲都很成功。他们像大多数经验丰富的实业家一样，都在事业发展的早期犯过严重的错误，可这几位创业者把这些经历讲了出来。有些创业者发现自己曾经只专注于己方想要达到的目的，因而在行为过程中犯下了不少错误。出于很多种原因，他们不假思索地采取了行动，或者在行动之前并没有将各方面影响考虑清楚。有些人从这些错误中吸取教训，而有一些人却不断重复这些错误。有些人愿意与他人分享故事，有些人则守口如瓶。我们很幸运，一些善于反思的从业者愿意接受我们的采访，同意分享他们的故事，让我们了解他们所犯的某些错误，以便其他人可以从中学习。我们感谢他们愿意接受采访，我们也出于相同的教学目的与各位读者分享这些故事。

双赢谈判

图 4-1 倾听真正的企业家描述他们的错误

注：①伊莱·盖斯切特，Mobifile 创始人兼首席执行官；②艾丽斯·特威德-肯特，Cocoon Biotech 创始人兼首席执行官；③维纳亚克·拉纳德，Drafted 创始人兼总裁；④芭芭拉·福克斯，Tilos Therapeutics 创始人兼首席执行官；⑤斯蒂芬·博耶，BitSight 联合创始人兼首席技术官；⑥迪普·帕特尔（Dip Patel），Ecovent 联合创始人兼首席执行官；⑦本·瓦贝尔，Humanyze 联合创始人兼首席执行官；⑧佩特拉·克劳勒达特（左）与彼得·汉森（右），PNP 联合创始人，连续创业者。

第 4 章
痛定思痛：企业家谈失误

从本章开始，我们将介绍三位初创企业家在创业生涯早期试图筹集资金时所遭遇的挫折：盖斯切特有一个很酷的想法，他想打造一个新移动应用程序，但他在种子轮推介中犯了过于以自我为中心的错误；特威德-肯特是一位生物技术企业家，她在 A 轮签下了一份很好的投资协议，但她对之后的事态发展过于乐观；拉纳德很幸运，多位风险投资家对他的新技术创业表现出浓厚的兴趣，而他的梦想是以"自己的方式"赢得投资，但资金并没有像他所预期的那样到来。

然后我们会讲述两个关于员工和联合创始人之间的内部谈判的故事：福克斯的错误在于，当承受来自内部支持者和一线工作人员的双重压力时太早妥协；而博耶却因与联合创始人的角力致其最终低价出售了他的第一家公司，他原本可以获利更多的。

本章结尾我们将介绍三个案例，证明心理状态对交易的影响：帕特尔因陷入讨价还价的心态而在同时开展的两场谈判中耗尽资金，陷入困境；瓦贝尔则在试图将其大数据公司转向新市场时，过分依赖其曾经的辉煌和直觉而折戟沙场；克劳勒达特和汉森懊恼万分，他们均因情绪失控而亲手毁掉了与大型医疗设备公司之间的颇为壮烈的退出谈判，最终不仅被自己的初创公司踢出局，还惹上官司。

从所有这些故事中，大家可以了解成功企业家当初所犯的错误，并学习他们如何吸取前车之鉴，避免再次犯相同的错误。此外，大家还可以学习在真的重蹈覆辙时，如何更有效地应对局面。

> 双赢谈判

案例1：自我中心主义者的种子轮推介

盖斯切特——"我的推介就是这样，你们应该投资"

盖斯切特曾担任过多个行政岗位，既是一名成功的设计师、技术专家、创新者和发明家，也是所谓的"产品达人"。他讲述了作为软件企业家在特拉维夫参加一场种子轮融资谈判的故事，也告诉我们谈判到底在哪个环节出了问题：

我在念工程专业大二时产生了做Mobifile的想法。当时我在编写团队实验室报告，遇上点麻烦，延误了交稿，最后的得分也不太理想。当时团队成员分工负责不同的部分，然后协同分析实验室数据，也协作编写实验室报告。然后我灵光闪现，觉得可以创建一个工具，能够轻松进行跨平台数据访问和数据搜索。刚开始时我和朋友一起研究工具原型，后来我们利用自有资金扩大了核心团队，并为智能手机市场开发了Mobifile技术，我们的二次迭代产品也得到了不错的反馈。

我的一个好朋友安排我与两位潜在的私人投资者见面。见面前我自己也做了些功课，着重了解了他们的背景。会面开始后我开始推介我们的产品创意，并辅以精心安排的幻灯片进行演示。我开始侃侃而谈，表现出自己对这项技术和我们的产品倾注了极大热情。我很兴奋地向他们介绍正在申请的专利核心技术、外观设计，然后进行了产品演示。

第4章
痛定思痛：企业家谈失误

但他们改变了谈判议程。我刚开讲一分钟，他们就打断了我。他们想把产品拿在手上感受一下。然后，他们说："少了点东西，这样不行，用户界面也很无趣，所有的都得改，现在这样子没人会愿意用的"。

他们的话令我瞠目结舌，并且这样的评价让我心里很不舒服。我感觉听到的全是"这不好，那也不行"。数月的辛劳被他们三分钟就否定了，难道要全部重来吗？在这场压力巨大的见面会上，作为公司的唯一代表，面对这样的评判我感到孤立无援，于是我像刺猬一样蜷缩起来，启动了防御模式。

投资人坚称我们犯了方向性错误，还说有跟我们的产品差不多的类似构想，但在那个时间点上还不能跟我分享。他们的评价仍让我闷闷不乐，我开始在脑海中默默反击："我们的产品很无聊？我们走错了路？我的创意和倾力构建这项技术的团队努力，让你们在三分钟的演示后就都否决掉了，你们甚至都没有听完我完整的演示！"我感到很生气，很受伤。整个互动过程是消极的，我心里暗自发誓，就算他们提出邀约，我也不会跟他们合作的。我太气愤了，后来我跟团队说，我们不应该跟这样的投资人合作。

盖斯切特的失误

盖斯切特的准备工作做得很好，对自己的推介充满信心。他的产品原型（配以适当的解说是可以描绘出团队对未来产品的构想的）也很棒。他也清楚地表述了对于他的初创企业而言，他认为公平的投资条件应该是什么。所有这一切原本是可以见到成效的，但遗憾的是，本来很有希望的局面仍以失败告终。现在我们来看看到底是哪里出了问题。

错误1：创业者太过以自我为中心

盖斯切特在准备时完全只考虑了自己的关注所在，并没有去研究对方的兴趣点，也没有尝试与两位投资人多多交流，建立融洽的关系，而只是径自进入演示，没有花时间去问问对方的兴趣所在。

对于谈判应该如何进行，盖斯切特其实是有他自己的想法的。他原本打算向投资人展示幻灯片后，再向对方展示手机应用原型。但在谈判桌上，他们并没有先确定谈判流程。盖斯切特直接锁定了一种"不赢则输"的心态——要么整个流程按照自己的方式进行，这符合他自己的利益；要么由对方掌控节奏，那样对方当然会很开心。

盖斯切特没有充分考虑如何建立真正的双向关系，没有预判如果对方看法不同，自己肯定会产生的情绪反应。他也没有考虑到自己和潜在投资者之间的地位差异，以及这可能会给他带来的感受。当谈判伊始的言辞触发了盖斯切特的纯防御性反应后，盖斯切特陷入了自己的"战斗或逃跑"反应中。而且，当对方打断他的演示，希望亲身感受产品原型时，他没有预料到自己会那么生气。当风险投

第 4 章
痛定思痛：企业家谈失误

资人挑剔他的产品时，他认为这是针对他个人的，感觉自己的心血没得到尊重。他还认为投资人并没完全明白产品的技术复杂性。盖斯切特专注于是否被公平对待。当他觉得感受不到公平，也感受不到投资人分享相关信息的意愿时，他就直接下了结论：对方是靠不住的。

盖斯切特本是相信团队合作的，他很享受创建产品时有团队支持那种氛围。但就这场推介会而言，虽然事关他自己的团队，但他几乎是完全以自我为中心的：他一个人准备，也一个人出征。在谈判桌上，当事态发展的方向并不如预期时，他变得不知所措。作为他自己团队的代言人，他觉得自己的角色应该是守护好团队，为团队抗辩。但当他意识到自己回天乏力时，他感到羞愧，觉得自己辜负了伙伴们的期望。事实上，他甚至可能太过羞愧，以至于都没有跟团队分享谈判中互动的细节。他只汇报了最终结果——也就是他的结论：他们不该跟这些投资人合作。其实他可能错过了达成某种有条件交易的机会，或者至少应该从经验丰富的投资人那里了解一些重要信息，比如他的团队创意的价值。

由于未能就谈判失败向团队汇报、检讨，那场互动也没给盖斯切特带来任何积极的意义。许久以后，在参加我们的高管谈判培训项目时，他回忆起这段痛苦的往事，主动提出希望我们使用他的这个案例。在那之前，盖斯切特并没有吸取任何谈判实践个人化理论的营养，从更好的视

> 角来管理他的推介行动。事实上,他当时并没有把那次会面理解为一场谈判,他只把它当成了一次推介机会而已。

我们的分析

尽管盖斯切特可能感觉自己一个人在战斗,但说到我们提及的这些失误,他可并不孤单。大量实证研究强调了人们往往容易在哪些谈判环节出现失误。

创业者如果只关注己方利益而不试图理解对方的兴趣点,就容易铸成大错。同样,过分关注"对错"且锁定不赢则输的心态也是错的。研究人员卡罗尔(Carroll)、马克斯·巴泽曼(Max Bazerman)和莫里(Maury)发现,如果在心理上过于简化谈判者所处的局面,谈判结果往往都不太理想。谈判者都倾向于低估对方的想法或认知(1988)。廷斯利(Tinsley)、奥康纳(O'Connor)和布兰登·A.萨利文(Brandon A.Sullivan)指出,自我中心主义(或早已名声在外)的谈判者会把对手逼入防御模式,从而在谈判桌上显得更加咄咄逼人(2002)。

创业者如果不投入足够的时间和精力来研究如何开展谈判,也会犯下同样严重的错误。劳资关系专家乔·卡彻-格尔圣菲尔德(Joel Cutcher-Gershenfeld)发现,"先讨论如何讨价还价"的公司拿到的谈判结果也更好。在与谈判界先驱沃尔顿(Walton)和麦克西(McKersie)合著的《战略谈判》(*Strategic Negotiations*)一书中,他们以现实生活案例作为例证,解释了为什么有些谈判取得成功,而另一些却失败了(2000)。

第 4 章
痛定思痛：企业家谈失误

　　创业者不应该单独准备或进行谈判。汤普森、彼得森（Peterson）和布罗特（Brodt）的实验表明，与单独谈判相比，团队谈判平均能多创造约 25% 的价值。这往往是由于后者能够更多地考虑对方的利益，实现更高水平的信息交流，从而发现更多的互利交易（1996）。

　　如果不为商务谈判做好情绪层面的准备，创业者也会犯错，比如不考虑双方地位差异及其可能带来的影响。如果把批评意见理解为人身攻击，从而不假思索地做出反应，通常也是不明智的。谈判者一旦进入防御模式，就往往倾向于合理化其所有后续行为，而把谈判失败的全部责任归咎于别人。哈勒姆·莫维斯既是教学经验颇丰的领导力教练，也是一名临床心理学家。他在《信念》(*Resolve*) 一书中阐述了做好情绪体验功课对树立信心和增强事态感知能力的重要性（2017）。他说，使用谈判模拟模板，整理谈判思路和假想场景，对谈判者是大有裨益的。这不仅可以激发更好的创意、全新的视角，还能筛选出最明智的解决方案。大声演说练习（即预演），使我们从听众的角度感受自己的叙事、立场和要约，避免囿于一套狭隘的期望值"执念"，同时也让我们提前接受自己情绪风暴的"洗礼"，并预判对手心理可能产生的"波澜"。

　　谈判后不向团队汇报也是一大忌，容易错失改进良机。如有机会反复磋商当然可以学到更多，但如果不进行适当的反思，创业者得出的经验教训往往并不正确。贝利比 - 梅耶尔（Bereby-Meyer）、莫兰（Moran）、昂格尔 - 阿维拉姆（Unger-

Aviram）指出，不总结经验教训而一味强调经历多，会导致不良行为持续存在（2004），但如果专注于期待达成的学习目标，就可以带来显著的改善。汤普森的实验表明，如果谈判者从一开始就在心里预设"谁赢谁输"，这种心态就会贯穿谈判始终，但如果他们把重心转到尝试与对方达成能整合双方利益的协议，他们就终会达成更具有整合性的协议（1990a, b, 1991）。

行动建议

如果再给盖斯切特一次机会，让他与投资人的谈判从头来过（业内称为"返工"），他在处理方式上会有什么不同呢？他可能会更多地关注谈判桌边的其他人。他应该为双方互动可能激发的多种情绪做好准备，包括与潜在投资者面对面会谈之前、之间和之后。而且，他应该提醒自己，有一件事绝对不会有错，那就是尽量专注于建立长期合作关系。

面对面互动之前，盖斯切特应该尝试先列出费希尔和夏皮罗在其名为《超越理性》（*Beyond Reason*）一书中提到的五大核心点：欣赏、归属、自决、地位和角色（2006）。欣赏是指一种被倾听、被理解的感受，一种自己的想法、情感和行动被对方尊重的感觉。归属是双方之间的情感链接（感觉更像是自家人而非谈判对手）。自决即自由，可以自主决策而无须对他人言听计从。地位是指人与人之间因权力、经验和专长的不同而受到不同程度的尊重，从而产生可见的（或无形的）地位差异（较低/同等/较高）。在某种意义上，地位是一个社会

第4章
痛定思痛：企业家谈失误

偏见函数，其关联因子包括头衔、财富、性别、年龄、种族、职业和其他具有文化关联性的团体集群。最后，角色这个核心关注点是指个体在谈判中所设定的身份或呈现的姿态（不论是习惯使然还是刻意选择），比如这个角色可以是倾听者、顾问、问题解决者、调停人、对手或放款人。这五个核心关注点可以激发正反两方面的情绪波动，也可以用作一柄"透镜"，来预先检视可能产生的情绪变化。下一次，盖斯切特应该尝试预测情绪动态的可能发展方向。他和团队的准备工作应包含针对各种互动场景的角色扮演，甚至可以寻求专业谈判教练的帮助。

盖斯切特还应多一点"设身处地为对方着想"，了解对方的真正关切和面临的困难。他可以用一套对照审查表来克服这种在特定场合下的自我中心倾向，包括记录对对方的了解，需要查明的信息，核查哪些假设可以成立。一旦坐到谈判桌边，盖斯切特应先向对方表明自己规划的谈判议程，并介绍自己的工作方式（即商讨谈判议程）。此外，他应确保为倾听和发言留出等量的时间。如果能重新来过，盖斯切特应切记多留意自己的情绪反应。他应该正视自己的性格弱点，那就是当面对批评时，他确实倾向于进入防御模式。当出现这种情绪反应时，他需要向自己发出预警信号，并提前确定一条"逃生路线"。

对于盖斯切特来说，有一个词可以用作他的"危险探测器"。当他听到自己说"但是"这两个字时，就应该立即意识到这是一个"危险信号"。这通常意味着他开始对别人的话产生情绪反应了。当他听到这个词时，他需要迅速做出反应。从这一刻开始，他可以开启一种截然不同的互动模式。比如，这可以提醒他转入好奇模式："他们为什么要这样说呢？"接下来他可以给自己一段时间更积极地倾听。改变心理状态并进而改变沟通方式的能力，可能是防止情绪升级的关键。

盖斯切特还应该向自己承诺，下一次，当谈判结束后，他会回顾并审视整个谈判过程，然后花些时间，不仅为自己，也为整个团队制备一份书面摘要，述明谈判逐步展开的过程，并在此基础上进一步反思和持续改进。尽管盖斯切特并没有机会面对同一批投资者"返工"，但他确实有机会为之后的谈判重塑谈判策略。他跟我们讲述了他后来的一次尝试。这次他侧重打造融洽氛围，积极建立可能的长期合作关系。但遗憾的是，尽管他试图从容面对批评，但还是没能克制住，再次进入防御模式。

我还有一次跟天使投资人谈判的经历。我们一开始交流还是很随意的那种，然后他说"给我看看你们的产品"。然后说"还挺有意思，可是，已经有大公司涉足这项……"我感觉我又要进入防御模式了。但这次，我知道我预设了一个需要留意的情绪触发器。我一开始的反应还是防御式的，但几分钟后，我开始提问……

当我开始提问（也不完全是和产品有关的问题）后，我意识到他的知识真是渊博。我们的交流变得不一样了，气氛也变得特别融洽。现在我觉得我会主动去争取这位投资人。

第 4 章
痛定思痛：企业家谈失误

盖斯切特告诉我们，他从争辩的心态中挣脱了出来，语气也调整得更为温和而好奇。当他把目光暂时从自身抽离，而更多地关注面前的人及其兴趣所在时，他就变得善于提问，将潜在的危险处境转变成建立积极关系的机会。如今，盖斯切特已经成长为一名思维缜密的谈判专家，定期就谈判工作向团队汇报，也与他们分享自己的经验教训。

案例2：种子阶段过于乐观，未能如愿引来投资

特威德-肯特——"蚕食信任导致交易失败"

特威德-肯特在波士顿成功地创立了一家药品开发初创公司。她曾在马萨诸塞州总医院接受内科医学培训，在那里，许多骨关节炎患者经常问她一个问题，问她能不能提供更好的治疗方案。特威德-肯特注意到这种疾病非常普遍，并且严重影响了人们的生活质量。于是她与一位同事合作，创办了一家名为"茧"（Cocoon）的初创公司，希望利用蚕丝蛋白作为独特原料，生产针对膝关节疼痛和炎症的通用型小分子药物。

特威德-肯特回忆说，她当时犯了一个错误，那就是过于乐观，也过于相信别人，结果却感觉被人出卖了，在寻求达成种子轮融资协议的过程中也浪费了好多资源。

双赢谈判

几年前，我们与许多投资者就种子轮融资展开了谈判，与其中一名投资者的谈判进展得比较深入，都已经签好风险投资协议了。双方都在稳步向前推进，一切都显得非常顺利。我也针对这名投资者做了些尽职调查，也有人提醒我要多留个心眼，但总的来说，他们觉得这项投资还是值得争取的。

从签下初始投资意向书到制备好投资文件的第一稿，花了三四个月的时间，我们也在风险投资协议中以书面形式拟定了条款，但是文件中出乎意料地冒出了一个不同的数字。数字这种敏感的东西一般是不可能会弄错的。这显然是有人刻意为之，试图获取更多有利的条件。这个数字就这样"悄无声息"地潜入一大堆文件当中。这对我触动很大，我立即警觉起来。我认为，生意的核心说到底就是与人打交道，信任就是一切，即所谓诚信为本，不管是书面合同还是口头承诺，你都得说到做到。尽管这只是一处很小的改动，但对我来说，这是一个不祥之兆，说明就运营理念和商业风格而言，对方明显和我们存在着一种错位。当然，不同的公司和行业有着不同的业务风格，所以我并不否认对某些公司来说，这种伎俩可能会使它们如鱼得水，但对我们而言，这绝对是个危险信号，我们觉得与那位特定的投资者携手前行并不是个好主意。

在这样的时刻，你必须当机立断，采取行动。我们当时的投资者有高净值人士和一些家族企业，但就这一轮更大的融资活动而言，这确实是一笔大买卖，这是第一份来自大投资人的风险投资协议。钱已经摆在桌上了！可是，拿这些钱总给人

第 4 章
痛定思痛：企业家谈失误

一种脱节的感觉，我们在谈判时商定的内容和我们在白纸黑字上看到的东西并不一致，这使我产生一种怀疑："我们真的想跟这样的人携手并进吗？"

又是几个月拉锯式的磋商，很多时间花在了这一个特定的投资人身上，而与此同时，其实还有很多其他我们本可以谈判或交流的人。时间的带宽是有限的，所以也可以理解为失去了别的机会，因为不可能再把这个时间拿回来花在别人身上了。从谈判对手的角度审视，我不知道我是否还能找出他们变卦的真正原因，也许是基于法律层面的考量，也有可能是更高层面管理团队的推动，要找出真正的原因很难，但我认为说到底，不管是出于什么原因，这件事情都让我对这家企业的终极行事风格有了些了解。

就这样转身离去吗？说真的，这还真是一个艰难的决定。剩下没几个月了，我们需要在这个时间段内完成融资。做出这个决定风险很大，因为我们不敢确定，在放弃这个投资人后，我们是否最终还能说，幸好我们当初没有接受他们的投资。

我算是一个善于多方寻求建议和意见的人。我有一些值得信赖的亲密同事、家人和朋友。我也有几位专业教练，当然还有我的执行团队。所有的谈判都是我自己与投资方面对面进行或通过电话交流，但我身后总是会有一个团队在支撑着我，他们会审查风险投资协议，并作为团队共同讨论协议中的变更。当然，还有一些朋友就我们谈判时希望予以反驳的内容给了不少建议，也针对我们对自己地位的判断结论提供了反馈。

最终，我们还是决定转身而去。对于一家初创公司来说，这是一个非常艰难的决定。尤其当时我们还在拆东墙补西墙，寻觅维持公司运转的方法。

特威德-肯特所犯的错误

在与一名信誉良好的种子轮投资人签署风险投资协议后，特威德-肯特和她的团队将重点转移到了公司的管理上。我们来看看她为什么最终还是决定放弃那个本可能拿到大额投资的项目。

> **错误2：创业者过于乐观和自信**
>
> 特威德-肯特太信任投资方了，把投资过程的推进工作都交到了对方手里。她没有给自己和合作伙伴设置清晰的预期目标，也没有确定时间安排、谈判规则，或者明确的谈判议程。她认为这轮融资会按照最初条款说明书中阐述的内容顺利结束，并对此深信不疑，除了这位主要的投资人，她没有尝试接触任何其他的投资方。这些问题最终导致她放弃投资的那段时间过得非常艰难，而且随着时间的推移，创业的风险也会提升。
>
> 特威德-肯特一直保持乐观的态度去看待这个投资方。后来投资进程推迟，投资方最终给出的数字与特威德-肯特以为双方已经商定的数字有出入，因此给企业带来了很多的麻烦。

第4章
痛定思痛：企业家谈失误

我们的分析

特威德-肯特认为事情会很顺利。她表现出了对自身能力和发展前景的高度乐观，这是很多创业者都会出现的问题，但统计数据表明，实际情况通常并没有那么顺利。克莱默（Kramer）等几位学者经过研究发现，68%的工商管理硕士（MBA）学生在模拟谈判课程中都认为自己的成绩能够排到全班前四分之一的优等生行列（1993）。谈判者很容易高估自己对于不可控事件的影响。沙菲尔（Shafir）和阿莫斯·特沃斯基（Amos Tversky）发现，他们的很多学生都认为自己可以在谈判中模拟"囚徒困境"，从而（近乎神奇地）影响谈判另一方的行动，甚至在几乎没有可能的情况下也不影响学生的这种自信（1992）。信任是双方合作的关键所在。艾丽斯认为她可以信任对方，因此，在她认为这份信任被辜负时表现出了非常强烈的反应。她因此开始怀疑对方的动机和道德水平，认为不应该再跟这个特定的对象达成任何协议，远离对方是最好的选择。我们收集了一些相关的研究成果，来解释"信任"为何在商业合作关系中发挥着如此重要的作用，以及它与事务的不确定性存在何种关联。

创业者必须花费精力去建立信任，而且不能让自己的行动破坏双方的这种信任。要知道，"信任"与"融洽"并不是一回事，我们在之前的案例中已经谈到过这点。彼此互不欣赏的两方，或者沟通并不顺畅的两方，也可以建立信任。建立信任的关键点在于，清晰地表达自己的想法并且言出必行。这种互动关系的参与者可能只有两个，也可能有很多个，但基本的原则始终不变。萨斯坎德和帕特里克·菲尔德（Patrick Field）在他们的著作《如何应对愤怒的公众》（*Dealing with an Angry Public*）中对数十次公众和私人纠纷进行了分析，结果表明，信任是规避风险或有效应对风险的一种非常重要的手段（1996）。破坏信任最快的途径就是撒谎，或者实际行动与事先商定的预期不符（或者相悖）。迪帕克·马尔霍特拉（Deepak Malhotra）和马克斯·巴泽曼在其著作《哈佛经典谈判术》（*Negotiation Genius*）中花费大量篇幅阐述了谎言和欺骗对谈判的影响（2008）。他们通过实证研究得出结论，虽然原则上大家都推崇信任和诚实，但在实际生活中，很多人都承认自己会撒谎，而且毫不夸张地说，所有谈判者都会认为对方在对自己撒谎。虽然欺骗可以帮助人们实现一些短期的目标，但它会削弱对方遵守承诺并逐步实施计划的意愿。

有时，创业者不愿承认自己欺骗了别人，于是会尝试含糊其词、蒙混过关，也就是借助真实的描述来传递误导性的信息。罗杰斯（Rogers）、泽克豪泽（Zeckhauser）、吉诺、施威茨尔（Schweitzer）和诺顿（Norton）这几位学者通过实验发现，含糊其词的现象非常普遍，很多谈判者都不愿意阐述虚假信息，或者说"撒谎"，而更倾向于含糊其词。这些人的关注重点是陈述的真实性（"我讲的是事实"），但是会给对方造成误导性的印象，尤其在回答比较直接的问题时，这种表现会更

第4章
痛定思痛：企业家谈失误

加明显。但与此同时，大部分的谈判者又认为含糊其词是一种不道德的行为（2016）。如果合作关系非常重要（各方需要共同合作才能创造价值），那么信任就成为必不可少的要素。

信任的坍塌最初可能始于某一次的无心之失，或者一次没有得到及时处理的小问题。"破坏"信任的一方不小心做错的事情，或许背后隐藏着某种真实的意图。但其中一方在产生影响后做出的反应，却有可能让遭到"背叛"的一方产生怀疑，因而在此后的交往中更加谨慎。而这种谨小慎微的态度又会反过来对原本没有产生怀疑的参与方造成负面影响。这样发展下去，双方的信任就会迅速崩塌。

《高难度谈话》的作者道格拉斯·斯通、布鲁斯·佩顿和希拉·汉认为，每一次对话都包含三个层面。每一次的高难度谈话都要涉及内容（"发生了什么事"）、感受（"有哪些感受"）以及身份（"这对自己扮演的角色、自己的能力和自己的价值有什么样的影响"）。双方尝试就已经发生的情况进行交流时必须明白，一个人的意图和他的话语带给对方的影响是两种不同的要素，必须区别对待。人类对自我的评价通常是基于自己的意图，但对其他人的评价则是基于这些人的行为给自己造成的影响。一方面，我们如果感觉受到了伤害，就会认为对方抱有恶毒的意图，而且往往会将这种假设的意图归因于对方的恶劣人品（"他们是坏人"）。另一方面，如果我们自己的行为（或不作为，或言语）伤害了别人，我们很快就会原谅自己，因为我们并不想给别人造成伤害。如果有人拿出证据，证明我们的行为造成了某种恶果，我们会将这种结果弱化处理，因为这是我们不小心造成的，或者说，是一种间接结果。如果我们此时感觉受到了指责，就会快速进入防御状态（"我是忘了，可这又不是什么大事"）。

在特威德-肯特的案例中，她先因为自己受到影响，推断出投资人的人品可能有问题，然后开始进一步寻找证据，不仅要向自己证明，也是向其他人证明，这位投资人不值得信任。之所以发生这种情况，是因为这次事件引发了认知上的确认偏差，此时人们会不自觉地选择查看信息来证实自己先入为主的观念，当然人们随后会越来越对自己的想法深信不疑。人们解读信息的时候总会带有一定的认知偏差，如果所看到的信息与他们的期望不符，他们就会认为这些信息不可信。科研人员都会经过专业的培训，知道如何避免在实验中被这些认知偏差所左右，但哪怕是他们，在研究合作关系的时候依然很容易受到影响。这样的认知偏差让人们很容易找到证据来证明自己的预言。我们看到的是自己希望看到的东西，听到的是自己希望听到的消息。特威德-肯特很容易相信，这位融资合作伙伴不值得信任。

我们从前面盖斯切特的案例可以看到，创业者必须花时间与对方交涉谈判的议程（商讨谈判议程），否则谈判很容易出错。在此之后，如果创业者没有跟对方事先商量好谈判时需要遵守的基本原则，造成双方的期望存在偏差，那又会错上加错。不管是哪一次的谈判，事先制定好清晰的基本原则

第 4 章
痛定思痛：企业家谈失误

对双方都是很有好处的。萨斯坎德、萨拉·麦科尔南（Sarah McKearnan）和珍妮弗·托马斯-拉尔默（Jennifer Thomas-Larmer）在他们的著作《共识建立手册》(*The Consensus Building Handbook*) 中着重强调，在多方参与的谈判中，基本原则的设定是取得积极成果的重要因素，尤其在各方情绪可能比较激动，而这种长期合作关系又非常重要的时候，基本原则的关键作用就会更加凸显（1999）。开展复杂的谈判时，通常应该在正式会议开始之前，事先指定某一个人来负责基本原则的制定和贯彻执行。如果只有两方参加谈判，的确没有必要每次都正式执行这一步骤，但如果创业者过于乐观，在谈判时仅仅制定了某种基本准则，那过程中还是很容易出现问题。如果创业者发现对方采取的一些行动完全出乎自己的预料，可能会认为对方的行为不合时宜，或者认为对方的行为从某种意义上说是对自己的轻视，因而反应过激。为规范谈判行为而制定的规则五花八门。特威德-肯特本人是这样描述的：

理想状态下，我们希望基本原则都是一样的，但很遗憾，我们所处的世界本身就变化多样。我认为性别、种族、民族、经济不平衡等因素都会对谈判的基本原则产生很大的影响。每个人的性格特性和经历都与其他人不同，这会极大地影响我们对事物的看法。作为一名女性创业者，我觉得我们多多少少都听到过别人与性别直接相关的批评或者评价，有些评价非常粗鲁甚至令人震惊，但无论如何，你都只能在自己的控制范围内做些事情。

有些创业者非常自信，认为自己有能力处理所有的事务，但其实不然，让掌握其他技能的人员参与进来，听取不同的意见，可以避免很多问题的发生。特威德-肯特当时已经意识到，由于信任感遭到破坏，双方的关系已经开始有些紧张，而且她也明白自己从经验、实力和性别方面都处于劣势，但最终还是决定独自参加那次谈判。克赖（Kray）、汤普森和加林斯基（Galinsky）做过一次名为"性别大战：谈判中的性别刻板印象的确认与反击"的实验，他们在实验中分析了谈判中两性交流的行为模式，谈判者经常借由对方不经意的行为加深自己对性别的刻板印象，但是将这种加深印象的事件讲出来之后，对方又会经常表现出与刻板印象不符的行为模式（2001）。不过年龄和性别只是特威德-肯特案例中造成实力不均衡的部分原因，初创企业在投资经验和谈判实践经验方面的差距也是很重要的因素。

最后，创业者不应该对谈判的成功抱有太强的信心。创业者此时往往不会花费很多时间研究谈判失败之后的替代方案。如果谈判者没有做好谈判失败的准备，那么可能会在巨大的压力之下接受不理想的协议条款，最终导致毁灭性的结果。特威德-肯特将其称为"恐怖的时刻……令人心惊胆战的决定"。她选择放弃这位投资人的时候，也觉得自己可以在资金状况允许的几个月内找到另一位（更好的）投资人。

行动建议

如果可以"重新来过"，特威德-肯特应该采取哪些不一样的措施呢？我们认为，她应该在整个过程中投入更多注意力思考未来如何避免自己出现本能的认知偏差，尤其要避免过度乐观或过于相信别人。

下一次，她一定要记住在谈判之前与投资方商定"游戏规则"。此外，她还应该更加清晰地阐明双方在进行谈判的过程中应该秉持何种原则。如果对方明显破坏了双方的信任关系，那么她不应该直接放弃，而应该先尝试重建这种互信关系。在这个应对过程中第一次接触对方时，特威德-肯特虽然感觉对方辜负了自己的信任，但必须克服自己的情绪反应。她可以采用与对方直接接触的方式来解决这些问题（或许可以让团队的其他成员帮忙）。对方可能会针对发生的情况给出完全不同的解释，如果双方就此交换过意见，或许可以找到相应的方法来避免类似情况的再次发生。鉴于双方关系有些紧张，特威德-肯特可能会邀请其他人一起参加会议，从而提供一些不同的观点。特威德-肯特经过思考之后，告诉我们：

一定要在自己周围组织起一个团队，通过团队来增强实力和掌握更多技能。所谓"多样性"，归根结底就是要我们在谈判桌上分享不同的想法，如果你研究一下各种统计数据就会明白，团队的多样化特色越突出，表现就会越好。所有的努力都是为了建立合作关系，从这个角度来看，谈判桌上的另一方并不是你的敌人。无论从何种意义或格局层面分析，他们都不是敌人，实际上，当你开始改变自己的思维框架之后，你才能真正了解谈判桌对面的这个人，不仅可以了解他们的商业利益诉求，也可以了解他们的为人处世。这样你才能与谈判中遇到的个人建立起真正牢固的合作关系，他们不仅会与你合作开展当前的工作，还会对你未来在社群以及（生物技术）领域的其他工作有所帮助。

此外，特威德-肯特还应该发掘其他的融资选项，而不是将所有的融资"鸡蛋"都放在一个"篮子"里。

特威德-肯特仍然认为她放弃这位投资人的决定是正确的。她永远无法搞清楚自己对于这位投资人动机的猜测是否正确。她的确咨询过专业顾问的意见，但是对方无法评估那位投资人的动机。现在，她可以告诉我们她从这次经历中学到了哪些重要经验。

如果可以回到过去，选择不一样的处理方式，我想我一定会提前制定好谈判原则，要求开始谈判后，个人或组织都要秉持原则行事，这点非常关键。并不是说大家应该在最后的时候争取更好的报价，但是提前规划好如何开展这次谈判，有助于推动谈判的进行。我们在谈判时经常谈论条款，摆出各种事实，但是我们好像较少谈及双方合作的内容和角色分配。这就像是生活中为某项活动寻找合适的搭档：双方应该保持意见一致，但我们在讨论谈判时很少提及这一点。我去参加谈判的时候，态度非常积极、乐观。我在生活中很容易相信别人。这就是我去谈判时的状态，但同时，我还应该确认对方的观念是否与我匹配，这样谈判才能顺利展开。如果提前做好这方面的准备，我们也不会在花费大量时间之后最终决定放弃。

我当时被吓坏了，不知道未来会有怎样的发展，但就当时那个时期而言，这个决定是完全正确的。几年之后再回头看，我的确需要寻找其他的投资人，确保对方与我们的最终愿景相互吻合，企业因此才最终走上了发展的道路。那次经历让我们拓宽了视野，开始考虑将丝绸加工成不同的分子，应用到各种不同的领域。我们希望企业未来把关注重点放在尚未得到满足的医疗需求方面。

特威德-肯特从创业初期的这次经历中学到的经验是，确认谈判检查表中应该包含的项目，方便自己在选择潜在的合作对象时确保双方对程序和规则的想法保持一致。到现在她仍然认为，团队聚在一起工作可以加强所有成员对彼此的了解并激发创意。她也明白，必须尽量克服自己太容易相信别人和过分乐观的毛病。

案例 3：第一份条款说明书的谈判胜利

拉纳德——"对方妥协了，但我虽胜犹败"

拉纳德在波士顿创立了一家移动应用程序公司，并担任这家公司的首席执行官。从公司成立开始，他已经获得了将近 400 万美元的风险投资。在此之前，他曾经开发过一个网站

双赢谈判

并最终成功退出,并且曾经在一家初创阶段的企业担任过总经理,这家企业最后也取得了不错的经营成果。他阅读过很多有关谈判的书籍,但还是会想起自己以前的一次经历,那时他因为性格的问题错把一次商业谈判的失败看作成功。

我记得我在第一次进行融资的时候,第一轮种子阶段的融资对象是一众投资界大佬和声名远播的天使投资人,当时我们提出了很多的要求。我也说不清是什么原因,我们那时候引起了很多人的兴趣,大家了解我们公司的业务之后,都感到非常兴奋。我当时掌握着非常有利的谈判条件,至少我自己是这么认为的。我觉得自己掌握着很多优势,因为所有人都想投资。我当时想:"这下妥了,这是我的好机会。我一定要趁这次机会争取到最好的交易价格,我这次要……"我当时非常急于求成,觉得:"我这次要向全世界证明,我有能力跟那些大人物做成买卖。"

很多首次创业的人,尤其是经验比较少的人,通常会认为一轮融资结束时他们的公司估值数额非常重要。这些创业者判断成败的标准是,自己让出了多少股权给投资者,又为创始团队保留了多少股权,或者企业的投资后估值是1000万美元还是2000万美元等相关的指标。我其实并不认同这种看法,我到现在依然认为这些并不是很好的衡量指标。我当时之所以那么志得意满,是因为能证明我实力的事情是我所有的资金都来自大型投资机构。其实我的兴奋点在于,我能跟这些著名的企业保持合作,能跟行业内最著名的人物一起工作。

第4章
痛定思痛：企业家谈失误

毕业之后，我在波士顿的一家初创企业工作了4年。最初入职时的职位是网页开发工程师，公司上市的时候，我已经晋升为移动工程总监。当时那家公司的所有人似乎都是成功人士，个个天赋异禀，都是那种一进入某个房间就会立刻成为焦点的人物。有这些人待在身边，你会感觉自己也越来越成功了。我也想成为那样的人。我当时觉得这就是我事业发展的下一个目标。我不仅要向他们看齐，还要实现更大的成就。

我入职的第一家创业公司成功上市，因此可以说我的成就感来得很早。我想实现更大的成就感，想创立自己的公司，拥有更大的决策权，希望我可以自豪地说："那是我做的，是我的成就。"麻省理工学院是个藏龙卧虎的地方。当时是，现在也是。我有几十个比我更加成功的朋友，他们都是很有天赋而且雄心勃勃的人，他们是我难以企及的人才。

我的家人也都是在各自的领域获得了成功的人。我在印度长大，当时学业竞争非常激烈，排名对学生来说相当重要。如果班上有60个学生，你的成绩能够排到前5名，还是排到最后5名？如果你参加了全国性的某种类型的考试，周围的人往往以你的排名来衡量你的能力。通常参加标准化考试的学生有上百万上千万人，你在其中的排名如何？哪怕你的成绩很好，比如满分100分，你考了99分，但你的排名是第68名，那你还是会觉得成绩很糟糕。我不断地重复这种经历，总是在努力地争优争先。或许这种环境影响了我的性格。

所以跟最初的几位投资人进行谈判的时候，我的态度有些傲慢，我对他们说："还有另外五位投资人想给我们投资，所以这件事要按我的规矩来，而且必须现在就敲定，不然就算了，反正还有其他人在等。"我的态度就是这样。

当然，回忆起过去，我会认为，如果态度谦卑一点，我也许能走得更远。这种态度造成的一个结果就是，其中一位投资人并不看好当时的交易，最终还是退出了。他们在公司的发展过程中参与度并不高。因为我的这种态度，我实际上并没有从投资人那边得到多少帮助。

这不是他们的错，是我的错，我忽略了一个问题，谈判的结果并不只是估值，也不仅仅是筹集到的资金数额，或者让出的股权数量，而是谈判双方达成协议之后的感觉。从这个角度来说，我当时并没有设置这方面的目标，所以最终的结果就是彻底的失败。谈判结束后，对方并没有感觉到自己拥有权限，也没有推动企业发展的准备，兴奋的情绪也大打折扣。虽然还是达成了协议，但我们本来可以通过这些人获得很多的帮助和支持，这些都泡汤了。

拉纳德所犯的错误

他掌握的条件实在太好了！拉纳德的公司在"默默无闻"的时候就已经引起了市场的关注，几位顶级投资人都对这家公司很感兴趣，在第一轮融资过程中争相为其投资。很明显，他需要同时应对好几位参与者，这是个机会与挑战并存的过程。让我们来看看拉纳德犯了哪些关键错误，这些错误对他与投资人的关系产生了何种影响。

错误3：创业者只想马上就赢

拉纳德急于向自己的智囊团、利益相关方和其他局外人证明自己的成功："我当时非常急于求成。我要借这次机会向全世界证明，我有能力跟那些大人物做成买卖……"的确，他的实力很强，但这一点令他的眼界变得更窄，忽视了自己长期和短期两方面真正的利益诉求。他太过注重自认为掌握在手中的优势。因为同时有多位投资人表现出兴趣，于是他就感觉自己实力强大，没有考虑到整个"拍卖"过程的复杂性——毕竟融资时只会重复接触少数几位参与者。此外，他也没有意识到企业权力格局的变化有多快。更糟糕的是，拉纳德完全陷入了一种"两方之间讨价还价"的思维模式。他知道作为谈判者，纠结于价格不断进行讨价还价并不是获得成功的最佳途径，但是他太想获得成功了，所以把全部注意力都放在了估值上，并没有考虑到双方整体的利益平衡。

拉纳德忽视了交易的主观价值，没有考虑到他的这种"实力彰显"会给对方带来什么样的影响（要知道对方并不愿意被迫接受别人设置的报价）。拉纳德的做法影响了投资方的自我感觉、角色认知和自主性，让风险投资人感觉"没面子"。所有类似的情况都会引起对方一系列的负面情绪（包括怨气和报复的欲望）。

> 拉纳德知道自己的个性非常好强，但是没有采取任何措施来压制这种天性。他的企业没有其他的联合创始人，所以他或许应该咨询一位顾问或者前辈，来帮助他完成谈判的准备和实施。此后，拉纳德与对方达成了协议，他将其视为一种胜利，但没能修复两方之间的关系。在这轮融资完成之后他才意识到，对方并没有像他预期的那样提供很多支持。

我们的分析

创业者个性好强、积极主动本来是件好事。创业的过程不可能一帆风顺，创业者必须具备耐力和毅力才能克服困难。很多人在创业的时候喜欢通过收益或员工人数等可见的标准来衡量自己是否成功。这些指标能够反映出最新一轮的融资价值，哪些风险投资方给企业投了资，哪些客户签订了协议。我们收集了很多相关的研究成果可以充分说明，单纯为追求成功而将关注重点放在这些指标上，会造成不少的麻烦。

在竞争比较激烈的环境中，创业者容易出现以下两个问题。第一，收到第一份报价合适的投资提案就急匆匆地接受。第二，迫于情绪方面的压力，接受超过自己计划范围内（或合理范围内）的投资条件，签署过协议之后又感到后悔。这种情况通常被称为"赢者的诅咒"[诺贝尔经济学奖得主理查德·塞勒（Richard Thaler）著有《赢者的诅咒》（*The Winner's Curse*）一书]。想象一下，你认为自己的要求比较高，但还是

第4章
痛定思痛：企业家谈失误

提出了这些要求，而对方立即接受了你的报价。双方成交。这时你会觉得，如果他们愿意接受你第一次提出的报价，那或许代表他们已经做好了接受更高报价的准备。正因如此，创业者应该邀请一位不容易受到这种情绪影响的人，和自己一起参加谈判。为了证明这种观点，我们要讲述课堂上经常使用的一种练习，叫作"一美元拍卖"。这一练习的设计者是经济学家马丁·舒比克（Martin Shubik，1971）。我们中有一个人扮演拍卖者。我们拿出一张100美元的纸币（舒比克当时用的是1美元的纸币），按照下面的规则进行拍卖：每次出价按5美元递增，出价最高的人以出价的金额获得100美元（最低金额为5美元），但是出价金额排名第二的人也要向拍卖者支付出价的数额，但是什么都得不到（除了作为失败者当众出丑）。一般总会有人第一个出价，希望以5美元的代价获得95美元的利润。然后还会有人愿意出价10美元，因为90美元的利润也很有吸引力。随着出价的金额越来越高，排名第二的出价者因为不想输掉竞拍开始不断抬高价格。他们的想法是："我把出价从55美元抬高到60美元，还能赚到40美元，否则就会损失55美元。"大部分竞拍者都放弃了，但至少有两位竞拍者还在继续加价。不过此时他们加价的目的已经变成了避免损失。这场竞价战进行一段时间之后，通常会有一位竞标者出价100美元来购买这张100美元的纸币（因为他们谁都不愿意损失95美元）。但是这个时候竞价还不能停止。当竞价金额最终超过收益金额（100美元）的时候，两位竞拍者都成了输家……

双赢谈判

（而扮演拍卖者的老师成为最后的赢家！）哪怕在竞价没有超过100美元的时候，竞拍者还是有可能认为自己的出价过高。这就是所谓"赢者的诅咒"——哪怕获得了胜利，还是觉得遗憾，因为你会感觉只有你自己认为这份奖品与付出的价值匹配。

哈佛大学商学院和哈佛大学法学院的教授古汉·苏布拉马尼安在他2011年的著作《达成交易：谈判新策略》（*Dealmaking: The New Strategy of Negotiauctions*）中描述了竞争激烈的出价场景，这一场景中的竞标者都在努力减小自己的损失：他们会设法陷害对方（就像"100美元竞拍"练习中我们给出的先决条件，出价金额排名第二的竞拍者需要支付竞拍数额，但是得不到任何东西），会中止竞拍（例如某人宣布自己给出的下一个竞标价格就是自己的最终出价），或采取迂回策略（例如，一名出价较高的竞拍者提议与另一位出价较高的竞拍者直接沟通，这样两人就可以停止竞拍，或许还可以分摊最终的收益或者损失）。顺便说明一下，除非学生在课堂上迅速达成协议采取迂回策略，否则只要竞拍价超过55美元的阈值，最后的赢家都是拍卖者。很多时候，竞拍价格会超过100美元，那么拍卖者就是唯一的赢家（没有参与竞拍的那些聪明的学生也是赢家）。

创业者需要特别注意与各个风险投资人进行谈判的顺序和时机。很多人都知道，风险投资人有一种"羊群心态"。当一位风险投资人听说另一位投资人也有兴趣投资时，通常会因

第 4 章
痛定思痛：企业家谈失误

为所谓的"稀缺性偏差"（就是我们平常所说的"错失恐惧"）而变得兴趣更加浓厚。但也因为风险投资人会受到"羊群心态"的影响，所以他们有可能会采取联合行动：也就是说，他们会彼此相互沟通，然后停止竞争，并决定采用联合交易或共同投资的方式"锚定企业价值"，每个投资人的投资数额会降低，但商定的企业估值也会有所下降。如果创始人态度太过强硬，多位风险投资人开始相互沟通，商讨联合交易的可能性，那么创始人最后得到的估值可能就会比较低，投资条款也会更倾向于投资人一方。从拉纳德的范例来看，他应该更加仔细地观察投资人的情绪变化，同时也应该更仔细地观察自己的情绪变化。

创业者在因身份相关的情绪而影响到自己对实际利益诉求的判断时，容易出现一种错误：谈判者低估了主观价值在谈判中的重要性。麻省理工学院的贾里德·库汉（Jared Curhan）撰写过很多有关主观价值的文章。主观价值与数字形式表现的成果（比如买卖交易中的价格）不同，主观价值表示每位谈判者从社会和心理维度出发，针对某项协议以及达成协议的过程形成的个人（主观）评估结果。库汉、埃尔芬拜因（Elfenbein）和艾森克拉夫特（Eisenkraft）开展的实验结果证明，一次谈判中产生的积极情绪会在接下来的谈判中为相应当事人带来经济上的回报（2010）。主观价值比较高的谈判者通常能在后续的谈判中有更好的个人和综合性客观表现。而且主观价值的提高似乎还可以增强人们与相同的对象进行谈判的欲望。

创业者如果没有投入精力去搭建合作关系，谈判就很容易出问题，不管这种搭建工作的缺失是在谈判之前还是谈判之后。有些创业者认为双方一旦达成协议，这种交流就告一段落，在下一次签订协议或开展谈判之前不再去维护双方的关系。还有些人认为，双方的关系比协议条款更加重要。萨拉科斯在他的著作《环球磋商者》中指出，个人的文化背景会影响此人对谈判流程的设想和对谈判结果的评价。因此，我们应该尽早与谈判的另一方确定所谓"协商一致"的具体含义。如果这次商讨非常顺利，那么双方都可以适当地调整自己的预期。

创业者因为自身原因与任何相关方的关系出现裂痕时，都应该及时修复合作关系，否则很容易出现麻烦。商业人士如果认为修复一段关系可以给自己带来很多的好处，就会表现得非常大度。我们的高层管理课堂上也能看到这种现象。我们在课上开展过反复经历"囚徒困境"的练习，其中一种练习叫作"石油价格博弈"。两个团队分别代表两个石油生产国，他们每个月都要在不清楚另一国家要确定什么价格的情况下设定自己的石油价格。每个国家每个月的收益水平很大程度上取决于另外一个国家的做法（价格低的一方往往能拿到大部分商业订单，从而弥补利润降低带来的损失）。通常双方最开始的时候都会尽量实现己方的利润最大化，但是只有在双方价格都保持在相似的高水平时，才能实现长期利益最大化。如果一方打破双方暂时达成的信任关系，公布了中等或者偏低的价格，那么

第 4 章
痛定思痛：企业家谈失误

这一方就能获得短期的竞争优势。但信任一旦被打破，双方的情绪就会变得非常激动。而游戏的规则只允许双方进行有限的沟通。一旦人们感觉遭到了背叛，他们的态度就会更加激进，愿意接受比较低的利润而拒绝再次被人利用。课堂练习也能够反映现实生活，我们可以看到很多种不同的结果，有些团队选择合作，有些团队选择竞争。那些表现更加出色的团队，通常都能克服最初遭到背叛时产生的情绪反应。也就是说，他们可以原谅并寻求未来实现双赢。阿克塞尔罗德（Axelrod）针对反复囚徒困境最佳应对策略的研究（1985）证实了这一点。他的研究结果表明，这种情况下的制胜策略其实类似于"礼尚往来"，具体过程是从信任开始，哪怕双方还没有机会进行交流，也要开展合作或采取对双方有益的行动，然后尽量模仿对方前一次采取的行动。但最终，你还是要大度地原谅对方的背叛（仅限一次），让双方再次回到互惠互利的合作模式。

行动建议

拉纳德应该采取哪些不一样的措施呢？我们认为他应该重点关注自己真实的长期利益诉求，并邀请一位值得信赖的顾问同行，在谈判过程中提醒他时刻牢记自己的利益目标。

下一次无论进行何种交易，拉纳德都必须清楚，对谈判双方而言，合作关系的建立与交易达成的财务条款同样重要。他应该花费更多精力去建立和谐的关系，发自内心地关心对方的利益诉求。与此同时，拉纳德还应该注重个人之间的关系变化，包括不同人员的地位和作用，并且要考虑向经验丰富的投资人征求意见，认真听取投资人的建议，尽量采取对企业发展更有好处的做法。以后遇到这种情况，拉纳德应该向某些人征求意见，让别人帮助他更加清晰地了解自己的状态和当时的状况。

拉纳德坚持按照"自己的规矩"办事的做法，伤害了他未来一段时间最重要的合作关系。他应该更加努力地去修复这段关系。从他的第一轮融资开始算起，已经过去了两年，人们找工作的时候可以借助拉纳德开发的应用程序有效利用本地网络收集到的信息，针对目标公司的招聘负责人生成自我介绍文件，此外，这款应用程序还通过现金奖励的方式鼓励大家建立这种联系。拉纳德认为，他已经通过以往的经验认识到了长期关系的重要性，并了解了获得成功的必要条件。

我觉得我现在的心态比以前谦卑了很多。我学到的最重要的一件事就是，谈判的一项重要成果就是确保各方在谈判结束时都很满意。虽然商定的条款对每一方来说可能都不是最好的，但我认为各方的情绪体验更加重要。以后我会时刻牢记一个目标，进行谈判的时候，无论对方是客户、合作伙伴，还是投资方，如果我认为妥协的确可以让另一方对此次谈判更加满意，那么我可以做出让步。因为我觉得找到合作伙伴还不够，还要让合作伙伴感到满意，愿意投入更多心血。而签订协议这项活动本身并不能做到这一点。我觉得这就是我以后应该注意的地方。

强大的实力让拉纳德在生活和工作中占据了很大优势，这也是他获得成功的重要原因。但有些时候，拉纳德必须努力控制住自己好胜的本能和文化带来的影响，这并不容易。如果他在明白这些道理之后真的能将其付诸实践，那么他一定能超越自己之前的想象，获得更大的成功。

案例4：妥协是为了更快地成长

福克斯——"成熟点！我们得完成工作"

福克斯是一名成功的创业者，已经成立过多家公司，现任波士顿一家初创公司的首席执行官。她总是想给世界带来一些改变，而她的研究领域是免疫学和生命科学。她记得在成立第一家公司的时候，曾经和内部人员一起去参加一次重要谈判，当时她的迅速妥协给公司带来了麻烦。

我认为我迄今为止在谈判方面出现的最严重的问题就是，我并没有把招聘当成谈判，但招聘的确也是一种谈判。我在为每家公司招聘员工时速度都很快，因为我总觉得要不断推动工作向前发展，而且我可以在工作过程中慢慢了解这些员工。我招聘的人可能并不是最出色的，但是在跟他们第一次接触的时候，我一般会主动向他们传递信息，让双方的意见达成统一，

双赢谈判

将未来的规划阐述清楚，解释目标实现的过程。在一个人进入公司工作之前，我不会事先处理任何招聘方面的棘手问题，而是会在这个人入职之后的一年时间里慢慢解决矛盾。这一点反映出的问题是，我在跟员工开始交流之前，不会去思考这种交流需要达成的目标。

我的上一家公司名叫 Avaxia Biologics。我们当时正在研究对抗胃肠道疾病的抗体疗法。我们得到了一大笔资金，必须加快科研速度，于是我根据应聘者的专业能力强弱独自做出了招聘决定。我聘用的每一个人专业实力都很强，我跟他们都相处得很好，但他们彼此之间一直有矛盾，所以当时那个高级职员团队的气氛让人非常窒息。我聘用了一个人来帮我攻克难题，但是给公司带来了很大的伤害。一部分原因是我的疏忽，还有一部分原因是我想加快科研进度，我的想法就是"我一定要完成！我明天一定要雇一个人来帮忙"！通常初创公司可能需要六个月时间才能找到合适的人才，但我根本就等不了！结果拔苗助长的做法，使公司反受其害。

那时候我的团队已经跟这个人接触过，当我告诉他们我要聘用这个人的时候，大家的反应并不热情。我们并没有考虑这件事的影响，比如，我聘用一个人担任这个职务的时候，其他没有得到这个职务的人都会很受刺激。我当时只觉得："得了吧，别闹了。成熟点！我们得完成工作。"但这不符合普通人的工作方式。每个人都有情感需求，要感觉自己受到重视，要感觉自己是公司的一分子……

第4章
痛定思痛：企业家谈失误

如果双方需要签署一份协议，或者有律师在场的时候，我不会犯这种错误，因为这类事情总有一些蛛丝马迹，让你能感受到双方之间存在距离，所以我会下意识地去跟其他人交流意见，也会明白签订协议这件事并没有那么简单。如果一份协议会对企业形成约束，那么我在进行谈判的时候，自然会考虑法律层面的问题，但我在聘用人才时从来没有注意过这点，这就是问题所在。

我曾是一个经过训练的科研人员，习惯于快速做出决定，这是我最喜欢的一点：我会在实验的过程中思考，也会一边解释自己所做的工作一边思考。我做事总是顺其自然，但如果事先已有清晰的目标，做了就不能回头，否则我的做法就行不通了。转变习惯很不容易，我还在继续努力，我要学着分辨哪些员工关心的问题是合理的，需要为此放慢脚步，哪些时候大家只是太敏感了（这种情况总是让我很头疼），因此可以继续推进，然后再慢慢解决。事情的发展总有个过程。

另外，我们还想讲讲福克斯的另外一段经历，看她如何在前线代表的帮助下开展谈判。

在 Avaxia Biologics 工作的时候，我很担心自己缺乏谈判经验，所以聘用了一名业务开发人员来处理企业在药品方面的交涉工作。我尽量不去接触谈判的工作，因为我对自己的谈判能力缺乏信心，但这种做法带来了很多问题。我以后不会再犯这种错误了。其中的一部分原因是，我不懂得如何拿捏分寸，不知道正常的操作是怎么样的。还有一部分原因是，我不知道

双赢谈判

怎样应对谈判过程的具体环节,如果双方坐下来,可对方却一直不说话,我就不知道怎么处理了。这些都有适用的应对方法,但是我很容易出现那种普遍性的错误,想要尝试说点什么来填补这种沟通过程的空白期。我会努力说服自己,找到双方的共同点,我会说:"好吧,我说的一些话让大家感觉不舒服了,要不我改变一下立场,换种说法,你们觉得怎么样?这样的说法你们觉得可以吗?"在筹集天使投资,寻求谈判双方达成共识的时候,这样的态度非常重要,但这对当时的那种交涉并没有帮助。

我不应该跟自己谈判,但我真的很难做到。我不知道这种吃力的感觉是因为自己的学术背景还是因为父母的影响——我的父母都是学者,我们从来不会跟人讨价还价,买东西就按价签付款。我们觉得讨价还价的行为很不得体,对我来说,要克服这种观念太难了。我到现在依然要谨小慎微地避免自己出现这种错误。

坐在谈判桌前总是让我很不自在。除非我认为某个人是故意的,那我就会据理力争,但除此之外,平时常见的情况就是,大家会冲我大喊"学着安静一会儿,让别人说话"。

福克斯所犯的错误

福克斯收到一笔巨额投资之后感觉到了很大的压力,认为必须加快企业的成长速度。她向我们讲述了这种急切的心态所造成的后果。她不只在聘用员工时出现了问题,还曾经将任务交给一位经验丰富的业务开发人员，让其代替她或者陪同她进行谈判，借此弥补自己的经验不足。我们来看看她犯了哪些错误。

常见错误4：创业者太容易妥协

福克斯在聘用员工的时候并没有想到，招聘过程需要精心地完成准备、执行和后续跟进等各项工作。在她面对应聘者的时候，并没有准备好应该问的问题，而是专注于向对方推广自己的产品。独挑大梁让福克斯感觉到了巨大的压力，她认为必须迅速展开行动，但对错误决策造成的后果不够重视。她被自己的乐观情绪所左右，总是很容易妥协。更糟糕的是，有些人认为自己应该参与招聘工作，但是福克斯并没有给他们参与的机会。结果，她不仅伤害了这些人的感情，还挑起了众人的怨气。

谈判过程中出现的缄默状态令她感觉非常不安，于是她就一次又一次地尝试取悦谈判的另一方，持续为对方增加有利条件。最后发现，她一直在跟自己谈判。福克斯独自参加谈判的时候总感觉对方在利用她。

等她终于开始寻求帮助来弥补自己的经验不足时，又不知道怎样以团队的姿态去应对谈判，结果她彻底放手把谈判的工作完全交给了别人。

> 双赢谈判

我们的分析

福克斯很善于自我观察,能够列举出她遇到的很多问题,比如太过武断、不会应对高难度谈话、无法忍受谈判时的缄默状态。她的这些问题并不是个例。很多创业者都提到,自己在感觉不自在或者谈判陷入缄默的时候接受过报价不理想的协议。我们收集了一些与这种问题相关的实证研究成果。

创业者总是处于谈判的环境之中,无论是否了解这种状况,只要不能正确识别出谈判场景,都会很容易犯错。福克斯在聘用员工时就犯了这种错误。有些合作关系需要花费很长时间才能培养出来(例如一家小型初创公司的首席执行官与投资银行之间的关系),双方可能需要耗费几年时间才能最终决定是否合作。还有一些关系是迅速建立起来的,福克斯的招聘面试就属于这种情况。

福克斯担心自己错过这次机会就很难找到技术这么出色的人才了(也就是说,如果无法达成协议,就找不到人来完成这项工作了)。显然她非常担心这点,哪怕聘用的人并不合适,也做好了承担相应成本的准备(交易条件不理想,完成工作的成本很高)。这是在没有把握的情况下做出的决定。而谈判者快速做出妥协的其中一个原因,可能是极度不愿冒险——他们已经了解了这次谈判的状况,但害怕如果错过这次机会,以后会后悔。贝尔(Bell)研究发现,决策者愿意损失一部分财务回报来避免自己后悔时展现出与效用理论相反的行为(1982)。

第 4 章
痛定思痛：企业家谈失误

吉尔伯特（Gilbert）、摩尔韦奇（Morewedge）、里森（Risen）和威尔逊（Wilson）研究发现，人们并没有自己想象中那么容易后悔，决策制定者如果因为害怕自己未来后悔而付出一定的代价，或许只能换来一份自己并不需要的情绪保障（2004）。

创业者如果不懂得向同事或顾问寻求帮助来弥补自己的弱点，谈判也会很容易出现问题。布鲁克斯（Brooks）和施威茨尔开展过多项研究，其结果表明，谈判本身会令谈判者产生焦虑情绪，从而影响谈判者的表现，降低谈判者对于谈判成果的预期，促使谈判者降低最初的报价，并在收到对方提出的报价时快速给出答复，更早地结束与对方的讨价还价，最终降低谈判成果的理想程度（2011）。找人从旁协助可以帮助谈判者避免部分问题的发生。但是有些创业者不愿意寻求别人的帮助，因为他们觉得这样会让自己显得很软弱。还有些人不愿听到诚恳的反馈意见，因为他们无法面对这些评价。道格拉斯·斯通和希拉·汉在他们的著作《感恩反馈》中写道，了解如何征询和接受反馈，比了解如何提供反馈更加重要。反馈的接收者才是这一交流过程的关键人物。反馈可以帮助大家减压和提升自我。这些研究成果告诉我们，对于创业者来说，支持者的意见需要征询，和自己关系不睦的那些人的意见也同样重要。

创业者容易犯错，很多时候就是因为没有创建一种报告机制，所以无法准确了解自己的真实状态。他们不仅失去了得到指导意见的机会（得到经验更丰富或专业能力更强的人的指导），同时因为不需要为自己的行为辩解，所以也无法通过这个过程得到进步。人们做汇报的时候需要澄清自己的理由（来回答对方提出的问题），这个过程会迫使汇报者在比较冷静的情况下思考整个过程。

创业者如果不能把谈判看作一种团队合作，谈判也会容易出现问题。团队合作不仅可以减轻个人参加谈判时以及每次会议间歇期间的工作量、压力和焦虑感，还可以帮助谈判者获得更多的深入见解。

如果在谈判过程中产生了情绪波动从而引发了一些身体症状，创业者必须懂得适时进行调整，否则就容易乱中出错。面对挑衅或令人不安的状况时，我们的身体会出现"战斗、逃跑或僵立原地"的奇怪生理反应。身体会根据典型的心理变化来判断应该做出哪种准备。学着识别这些信号、接受现状并建设性地加以利用，可以帮助我们缓解这些症状，降低症状引发的负面影响，从而更好地专注理解对方说出的话语，并解决当时面临的问题。创立哈佛大学医学院身心医学研究所的心脏病学家赫伯特·本森（Herbert Benson）博士认为，这类生理反应包括心肺活动增强、流向肌肉和四肢的供血量增加（而胃等身体其他部位的供血量减少）、肌肉紧张、血压和心率增高。有些生理反应或许是可见的，比如面色苍白（供血量减少）或者脸红（供血量增加）、口唇干燥、瞳孔扩大等。面对压力时比较强烈的生理反应包括膀胱松弛、听力下降、边缘视觉减弱、明显的身体颤抖，以及焦虑或攻击性等强烈的情绪反应。

创业者表现出的身体高度警惕或急性应激反应,是人类自觉遇到危险、攻击或威胁时为了生存而产生的自然生理变化。谈判者和演员或竞赛运动员一样,也需要注意这些生理反应,明白身体在高风险环境下产生这类生理反应非常正常。本森描述的"放松反应"(relaxation response),就是有意识地缓解压力反应的方法(2000,2011)。

行动建议

以后聘用员工时,福克斯应该采取哪些不一样的措施呢?哪怕仍然感觉自己经验不足,她也应该尽己所能地完善自己的表现。这个过程可能需要她接受一些培训,此外还要搭建相应的体制,以便获取其他人更具实质性的支持。她非常善于观察自己的弱点。以下我们提出几点建议,来帮助她更加迅速地建立自信。

福克斯应该将自己与内部支持者和前线工作人员的所有关系全部视为谈判关系。每次与这些人交流都要花时间搞清楚自己的谈话目的,此外还应该在一位同事或者顾问的帮助下练习如何进行高难度对话。福克斯还需要寻找一位比自己经验更丰富的前辈,并向此人"汇报"自己取得了哪些进步。限制自己的权限可以让福克斯无法在谈判桌上做出单方面的让步,或许还可以帮她减轻必须在现场做出决策的压力。她在接到投资条款说明书时会先咨询律师和利益相关者的意见,但在聘用员工时却没有这样要求自己,没有在做出招聘决策或达成合作协议之前，先与其他人探讨相关的重要选项。

福克斯应该在可能的情况下，尽量邀请一位同事或顾问同行。他们应该事先安排好各自的角色，商量好如何处理谈判时的沟通问题，包括暗号和会议记录。在福克斯的案例中，如果有同伴可以适时给出暗号肯定她的做法，那么她的表现或许能够达到自己的期望。如果福克斯能以团队要求为借口提出稍事休息（当自己被情绪左右时）或者暂停谈判，或许她就不会感到为难。

在此后的工作中，福克斯实施了我们给出的一些改进建议。她非常努力地提高自己的能力和自信心，而且还组建了一个团队，每个成员的角色都划分得非常清晰。

我刚刚在现在这家公司里任命了一位董事会执行主席，部分原因就是要强迫自己向他汇报所有的聘用决定，至少是针对高层管理人员的聘用。这样做是为了提高我向董事会的报告频率，也是提醒自己不要急于做出决定。因为我对自己还是比较了解的。

我会尽量在每次谈判的时候都找人一起同行，并且要求这个人必须诚恳地给我提醒。我会在自己能够分辨出某人的行为目的时，激发自己的愤怒情绪，借此避免自己做出让步。如果我本人，或者我所在的企业，遭到了某种不公正的对待，或者如果我感觉这次谈判的结局会很糟糕，或者对方在采取迂回进攻策略，那么我就会立刻警觉起来，展现出更好的谈判能力。找人和我一起参加谈判这个方法的确对我帮助很大，但我们一定要事先商定好每个人扮演的角色，定义好每个人在谈判中应该发挥的作用，以及期望达到的结果。

现在我已经经历过很多次谈判了，知道应该提出哪些问题，我觉得如果我之前就懂得给自己选择前辈，或许我就不会出现那么多的问题。但遗憾的是，我总是在经历失败之后才能牢牢记住这些教训，希望我能活得久一点，有时间把所有的错误都经历一遍……

福克斯很清楚自己如果想提高能力需要采取哪些措施。她的自信心比以前更强了，而且也建立了相应的机制来帮助自己改变旧的习惯。

案例5：孤军奋战又没有做好卖掉公司的准备

博耶——"拒绝就行了。然后怎么办"

博耶是一位网络安全专家，曾经在波士顿创业并获得了成功。他记得自己曾经在处理关键谈判的时候因为准备不足没有主动出击采取行动，最终损失了很大一部分企业价值。

我们当时想要卖掉第一家公司，正在为此进行谈判，对方给我们的回复几乎可以说是最后通牒，他们说："要么就按这个报价进行交易，要么就算了。"我们考虑了一下，然后找到这位买家，跟他们说："我们没办法接受这样的报价。"他们

双赢谈判

说:"好吧,看来你们真的没法接受这个报价。那你们有什么要求?"我们愣住了,不知道应该做出什么样的反应,只能简单地说:"那你们有什么建议?"他笑了笑,然后说:"我不会跟自己讨价还价的。"我们只好暂停谈判。最后只能说:"好吧,等一等。我们要回去商量一下再给你回复。"这种回答让我们显得更没有底气。

第一家公司的名字叫 Saperix。这家公司主要研究一种网络安全技术,可以将易受攻击的信息从电脑中提取出来,与网络拓扑相结合,构建出一种叫作"攻击图"(attack graph)的东西,然后找出存在攻击风险的区域。规模宏大的网络如果采用这种计算方式价格会非常昂贵,我们只需要几秒就能完成,而其他解决此类问题的方法需要花费几天时间。我们在麻省理工学院花费了几百万美元研究这种技术,但当时还只有原型软件,所以我们需要向外推广。

还好当时我们跟这家有意收购我们公司的企业意见比较统一,因为他们已经解决了我们当时面临的一个技术难题。但我们当时太过专注于"我们不太愿意接受他们提出的报价"这件事,而对方的态度也表明,这是"最高也是最终的报价",我们以为只要拒绝,这件事就彻底没有可能了。此外,我们并不知道自己想要什么,因此看起来不仅没有底气,而且谈判经验很少,从某种意义上说,我们的确就是这样的。这或许是我们的短板,最后的交易金额也的确比较低。

你可以将其称为"交易的冲动"。你正在进行谈判,你就

第4章
痛定思痛：企业家谈失误

会有这种冲动。对方做了很多功课，谈话已经进行到了这个程度，如果因为某种原因谈判失败了，那这笔交易就泡汤了，对吧？我觉得在那次交易的某个早期阶段，我们也有过一些你来我往的交涉，然后我们有段时间一直保持沉默，对方也没有发来信息。然后情况就变成"好吧，下一步应该谁主动"。如果这种"中止"的状态持续很长时间，情况就会变得比较尴尬，没人知道应该由谁来主动打破僵局，哪一方更想达成交易。我们称其为"退让"，但我认为这也间接表明，我们的谈判筹码不足。

我们当时没有拖延很长时间，因为之前已经做出了承诺，而且我们也不想破坏双方的交易。我和我的联合创始人一起商量过我们愿意接受的报价，还有可能出现的一些意外的情况，而且我们还必须做好放弃交易的准备，对吗？这些对话的难度都很高，尤其是在两个人一起参加谈判的时候：我们两人都应该同意采取某些特定的行动吗？在出售一家公司的时候，这些都属于重大决策。这个表述是什么意思？各方对结果的期望有什么不同？我们要做一些准备工作。我们进行过很多次绝对坦诚的交流。我们必须一条心，对于想要达成的结果应该保持一致意见。我们两人商量好之后，才能制定谈判的规则：如何与对方沟通？给对方怎样的回复？

然后还有条款说明书，条款说明书中的细节并不多，但是收购协议中包含很多的细节，而这些细节在谈判的时候很多都没有涉及。当然价格是一个关键点，但是里面还有很多你之前没有想到的条款。其中一项就是一段期限内的非竞争条款。

双赢谈判

他们希望在特定的领域内不产生竞争，可那是我的专业领域！当然，我不可能很长一段时间不工作，所以在谈判的时候，双方必须谨慎设定条款的范围：怎样商定一个双方都认可的合适范围，约束的有效时长，这类条款就是针对其中描述的所谓"竞争"设定范围和持续时长。还有一个条款我也需要加深了解，那就是陈述与保证条款——如果我现在拿到一笔钱，但是未来发生了任何其他的问题，我还要退还一定的数额，那我愿不愿意签订这样的协议？这想起来很吓人。我以为双方交易完成就是完成了。不对，不对。如果未来发生一些情况，那么条款就不再有那么强的约束力了，像这样的条款，我们也要跟对方商量好范围，设定好影响范围的限制条件。有些事情是确定的，比如我们没有侵犯知识产权，我们没有违反法律法规等，但是我们要为自己控制范围之外的问题设定好界限。然后我们还要通过谈判确定交易金额是不是税后净额，我们不能一边支付税款，一边准备出问题的时候再退款，谁也不愿意自己付出的金额比拿到的数额还多。我觉得商讨这些细节的时候，一位好的法律顾问可以发挥关键作用，因为我们没有那样的知识背景，不了解哪些内容更具重要意义。这些都是除企业价值之外我们需要去认真考虑的内容。当然，我们要先处理最重要的问题，然后再来讨论这些相关的细节，但这些内容也很重要。我们要能判断出对方是否会坚持某些条款，有些时候或许只能选择放弃，但幸运的是，当时我们两方都希望达成协议，所以都很讲道理。

以上所述都是谈判中需要商讨的其他一些内容。我觉得我们当时的交易价格的确下降了一些，但是幅度可能不大。

博耶所犯的错误

当有一家公司有意收购博耶的企业时，他和他的联合创始人发现，两人并没有做好准备。我们来看看他们的交易金额为何一降再降。

> **常见错误5：创业者孤军奋战**
>
> 博耶和他的联合创始人在做准备工作时，没有寻求前辈或律师的帮助。他们没有投入足够的时间和精力为即将来临的谈判做好准备。作为联合创始人，他们花费了大量时间进行内部谈判（例如，是否应该出售公司，能接受的价格是多少）。但他们几乎没去思考谈判另一方的利益诉求和最佳替代方案。因此，他们也无法判断可达成协议的空间究竟有多大。他们太过于专注企业的内部变化了，认为对方要么会接受他们提出的交易报价，要么就会放弃。两人陷入了简单的"是否"二元决策思维，并没有考虑到"是—可接受—否"的商讨空间。
>
> 两位创始人太过专注于价格，没有仔细考虑非竞争条款、陈述与保证条款等内容。

我们的分析

在创始人创业的过程中，有些时候他们需要进行内部谈

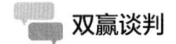

判，这种情况下他们需要独自理清很多事务，所以会进入一种与外界隔绝的状态。如果是几位联合创始人一起创业，那么情况就会更加复杂。如图4-2所示，因为双方在文化背景和身份认同方面存在差异，所以联合创始人之间需要针对共同价值观和共同决策过程进行讨论，并且做好决定。

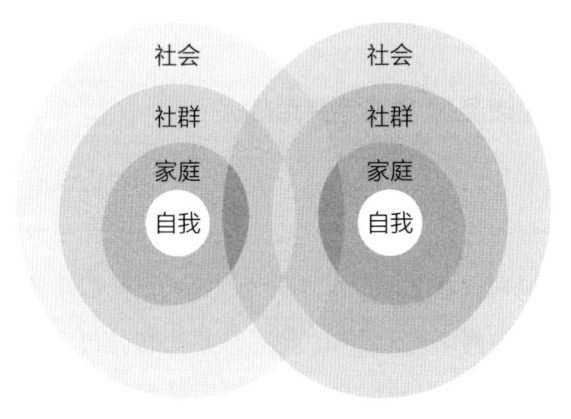

图4-2 联合创始人的圈子

联合创始人需要达成某种形式的一致意见，如果两人各自为政，就无法投入足够的时间去共同解决问题。这是联合创始人经常出现的一种问题。博耶虽然跟联合创始人达成了共识，但是付出的代价是，两人没有做好充分的谈判准备，也没有预留足够的时间向经验丰富的前辈或者专业人士征询意见。他并没有意识到，谈判是一种团体活动而不是个人的任务。哈勒姆·莫维斯和劳伦斯·萨斯坎德在他们的著作《谈判长赢》（*Built to Win*）中也阐述了这一观点（2009）。下面我们要列举几项研究成果来证明这一点的重要性。

第 4 章
痛定思痛：企业家谈失误

创业者如果不能投入足够的时间和精力来做好准备工作，谈判就很容易出现问题。同样地，创业者还必须主动了解当时自身所处的状况都包含哪些细节，否则也很容易出错。博耶把当时的那次谈判看得太简单了：他的关注重点都在下一步举措和已经摆在台面上的问题。他只注重价格一个问题，而且选择了一个非常明确的立场。魏因加特（Weingart）和奥尔卡恩斯（Olekalns）通过一系列的实验和研究发现，谈判者如果单纯依靠双方交换的立场信息进行谈判，通常签订协议后获得的综合收益比较低，而主动提供或询问优先重要信息的企业家，签订协议后获得的综合收益更高（2004）。

如果博耶向经验丰富的前辈征求过意见，他们可能会告诉他这只是谈判的第一步，后面还有很多的阶段性成果要实现，谈判的另一方会一直反复尝试压低收购价格。表4-1在左侧列举出了达成交易通常需要经过的几个阶段，并在每一行的右侧对应列出了博耶发现（或意外发现）成为谈判重点的问题：首先，主要条款都是口头（或通过非正式邮件）商定的；其次，在条款说明书谈判过程中，律师需要在正式签约之前更多地参与谈判。但这些还不是全部。最后的协议必须注明正式的生效日期，并要增加一些附加条款。任何延迟或届时（例如延迟的时间点）发生的新情况，都可能成为对方要求修改协议条款的理由。哪怕在协议生效之后，交易也没有彻底结束！通常在此后的一段时间内，买家需要承担多种责任，包括签署陈述与保证条款。部分交易金额要交给第三方暂时托管，卖家有可能会损失这部分收益，或者更差的情况下，还要退还一部分收益。如果在进行此类谈判时，没有事先为各个阶段做好准备，那么创业者的收益可能会越来越少。

表 4-1 商业谈判的阶段性成果——出售公司

阶段性成果	博耶的想法和增加的新谈判内容
谈判议程	针对最初的收购报价给出肯定或否定的回答
主要条款（意向）	价格：买卖双方讨价还价
条款说明书草案	非竞争：范围和持续时间
正式条款说明书	收购之后创始人的角色（继续任职？）
协议草案	卖家的陈述与保证
正式协议	税款支付
达成	第三方托管数额
协议达成后的应急阶段性成果	第三方放款的日期和数额

在谈判领域，有些谈判方在谈判结束后还会有些动作，他们被称为"蚕食""切香肠"或"再咬一口苹果"。不过有些时候，因为谈判另一方的智囊团成员临阵退缩，或者在尽职调查的时候出现了意料之外的情况，所以导致上述做法只是一些纸上谈兵的策略。

所以，创业者必须明白，谈判在初期的几个阶段还远远没有结束，其他一些更难解决的问题可能在谈判结束后才会找

第 4 章
痛定思痛：企业家谈失误

上门，如果不清楚这一点，就很可能会遇到麻烦。博耶太过注重价格了。研究表明，我们应该尽量给更多的谈判条款留出弹性变化的余地，直到所有谈判条款全部确定为止。我们要提高双方最终达成协议的可能性。梅德韦克（Medvec）、莱奥纳尔代利（Leonardelli）、加林斯基和克劳森 – 舒尔茨（Claussen-Schulz）开展的几项试验表明，在包含多项议题的谈判过程中，相对而言，就所有条款提出整体的综合性报价比按顺序针对每个问题进行谈判效果会更好（2005）。他们建议提交报价的人应该同时提供几份价值相同的综合性报价（多个等效的同时要约）。这种方式可以让谈判者有时间收集信息，同时还能在谈判时保持一定的主动性，而且还留出了灵活变通的空间。这几位学者的经验表明，收到多份报价的调查对象通常都会接受其中一份报价，而且对这份报价的满意度会更高（相比只收到一份同等价值报价的调查对象）。如果双方都能提供多份等效的同时要约，那么谈判的成果通常会更好，而且达成协议的可能性也会更高。其中值得注意的一个研究成果是，最终的谈判结果会更加偏向于先提出对自己有利的多个等效的同时要约的一方，而简单给出回复的谈判方最后的谈判结果通常要差一些。

创业者应该养成经常向别人寻求帮助的习惯。如果只有到事情变得非常复杂或者不确定性很高时才向其他人求助，那么创业者求助时的情绪会更加焦虑。布鲁克斯、吉诺和施威茨尔通过多项实验证明，焦虑的人自信心会下降，在做决策时更愿意征求别人的意见，但是区分建议好坏的能力会变差。他们在其中一项实验中发现，在参与者感到焦虑的情况下，哪怕是明显存在利益冲突的人给出的建议，他们也不懂得判断是否应该全盘接受，而情绪平稳的实验对象则会秉持怀疑的态度去审视这些建议（2015）。

行动建议

博耶和他的联合创始人或许的确经验不足，但如果适当做好准备工作就可以弥补这个问题，让他们不至于在达成协议之后感觉自己还可以争取到更好的条件。但是他们具体应该做些什么呢？我们认为，他们两人应该在准备期间花费更多时间思考谈判另一方可能关心的问题，以及谈判中可能出现的状况。发现自己开始跟对方讨价还价的时候，他们应该有准备地改变谈判规则，进入价值创造模式，让双方都能分得"一块更大的蛋糕"。

最初应该由公司创始人确定自己的目标价格，考虑如何使用"锚定"或其他策略争取到比他们能够创造的价值更高的开价。这需要创始人在谈判时为自己提供的每一个数据提供清晰具体的参数（比如其他见多识广的中立旁观者对这个收购价格的看法）及客观指标。创业者可以对自己的企业进行一项非正式的调查，然后利用调查结果去质疑谈判另一方在谈判中给出的参数。创业者还可以通过角色扮演的方式练习谈判中可能采取的各种措施、开价和应对方法，这样做可以让创业者的准备更加充分，谈判时如果出现情绪反应，也比较不容易受到影

第 4 章
痛定思痛：企业家谈失误

响。如果做了这些准备工作，他们就不会陷入被动防御状态，因而降低企业的价值。

如果博耶和他的联合创始人能够更加专注于价值的创造，他们就会投入更多精力深入挖掘谈判双方的利益诉求。他们可能会敦促各方共同展开头脑风暴开发新的选项和可能的交易方式。例如，如果博耶和他的联合创始人告诉对方自己想创立一家新的公司，或许不仅能争取到更有利的非竞争条件，还会激发更有创造性的选项的提出，例如，收购者或许可以成为新公司早期的投资人（而且要记住，在头脑风暴的过程中，糟糕的想法也可能变成好主意）。

案例中的两位联合创始人并没有提出"是—可接受—否"的商讨空间。威廉·尤里在他的著作《积极说"不"的力量》(*The Power of a Positive No*)中建议大家先从整体上给出肯定的答复，再针对具体的条件给出拒绝的回应，然后告诉对方需要改进的地方，促使双方达成一致意见（2007）。如果博耶和他的联合创始人能够采取这种"肯定—否定—肯定"的"三明治"方法，那么他们就不会在"是"与"否"之间反复挣扎，而会思考更多的选择。

我们强烈建议谈判者在处理这种变数很多的复杂交易时，秉持"在所有条款全部确定之前，没有任何条款是确定不变的"的原则，而且谈判过程中保证商讨多个问题，保持多个阶段，提供多个综合性要约，并存在多个价值创造选项，保持多个偶发事件的活跃性。

双赢谈判

虽然博耶认为他们出售第一家公司的价格比应有的价格要低,但是他从中学到了经验,而且跟同一位联合创始人共同成立了第二家公司。

我们当时并没有完全接受那次的收购条件。那次交易的部分条款规定我们要交出技术,然后离开那家企业去创办另一家公司。我们现在做的就是这件事,新公司的名字叫BitSight。过去6年来,我们一直都在经营这家公司,现在公司有两个办公室,员工人数大概是250人。我们现在已经共事了8年时间,其间我们学到了很多东西:如何沟通,如何达成一致意见,如何建立信任等。因为我觉得,这才是合作关系的根本所在。

我犯过很多错误,从中吸取的教训就是,请教前辈或许就是避免犯错的最有效的方法。如果你凭直觉判断每一件事情,总是冲动做出决定,那你肯定会犯很多的错误。我们绝对可以找到人际交往方面的很多指导信息,有些可能是你通过个人经验学到的,可以让你更从容地面对各种情况,但我认为,向比你更有经验的前辈请教也是非常重要的一种方法,因为这些人的经历比你更丰富。我经常去找我的合作伙伴或公司的首席执行官,跟他说:"嘿,你觉得怎么样?这么处理可以吗?"他可能会给我讲出5个相似的案例,或许每个案例都跟当时的情况不完全一样,但是你可以以此为基础做出决定。我觉得我们一定要学会通过别人的经历学习经验,要懂得体会别人是如何取得积极成果的。

第4章
痛定思痛：企业家谈失误

博耶和他的联合创始人为新公司聘用了几位顾问和一些经验丰富的高层管理人员。他现在明白了，谈判者可以去学习别人的最佳实践方法，同时还要注意反思自己的经验教训。

案例6：尽力交涉，为起步阶段争取更大空间

帕特尔与董事会和生产商的较量——"他们总是拖延"

帕特尔是波士顿的一名技术型创业者。他曾经在航空航天领域取得过很高的成就，后来自己开始创业。他给我们讲述了以前的一次谈判经历，当时他原本的目标是解决一些生产质量问题，但他讨价还价时使用的策略导致成效不佳。

我曾经在一家大型航空航天企业工作，当时参与建造过一台雷达设备，那台设备在温度等各个方面都需要非常精准的把控。有一天，我妈妈来看我，但是我忘记开房间的暖风了（那时候我不用的房间就不开暖风，这样可以省钱），结果我妈妈整晚都感觉很冷。我想"这可不行啊"。雷达都需要自动调节的。于是我想，"那我自己做个自动通风设备吧"。很幸运，当时正好有个技术革新项目，我注意观察那次技术革新的走向，越来越感觉热血沸腾。"老天啊，这是个很好的计划，

我可以做自己的通风设备"。我聘用了4名工程师，其中3位跟我很熟，我们通过虚拟形式一起工作了一年。后来我们有幸进驻了Techstars创业园并获得了资金：首轮天使融资50万美元，4个月之后的A轮融资又从一位战略投资人那里拿到了220万美元。然后我们用A轮融资的资金开始了公司的运营。

一年之后，我们遇到了麻烦，美国生产线上生产出来的产品质量存在很大的问题。由于签约的生产商出现了质量问题，我们的研发进度和销售进度都比之前的计划落后了一些。我们需要更多的资金。所以当时我们决定在董事会内部扩大融资规模，只要是有过融资经验的人都会告诉你，这种情况压力会很大，需要耗费很长时间，而且总是让人觉得分身乏术，当然大家都知道其中牵涉了多少东西。

融资的部分影响因素是我们如何与生产方面的合作伙伴签订新的协议，并跟旧的生产商断绝合作关系。这件事不太好处理，因为我们在这家公司花了很多钱，而且还有费用没有结清。

我们就是从这时候开始谈判的。我和我的首席运营官一起参加谈判，他是一位出色的谈判者，从来不会受到情绪的影响，而我则比较情绪化。所以我让他来负责主导整个谈判过程，因为我知道谈判过程必须保持平稳，不能给谈判添加不可控的因素。我们一起来到那家生产合作企业，告诉他们"这是我们收到的合同条款。这是我们会得到的资金，但是对方投资的条件是这个、这个和这个"。投资方做出了安排，而且强调

第4章
痛定思痛：企业家谈失误

他们不会让步。投资协议的最后一个条件就是处理好生产商的问题。

我们一开始姿态比较高，这是一家大型制造公司，他们并不知道新罕布什尔州的团队表现这么差。我们跟这家公司设在西海岸的收款部门打过交道，那些人都是谈判专家，谈判就是他们的工作。他们会把我和我的联合创始人当作对手吗？对方人多势众，我们比他们实力弱得多。我们花了整整六周的时间跟他们谈判，可一直都在同一个问题上打转。我认为他们知道自己在做什么，他们了解我们的经营状况，知道自己上一次为什么同意延后收款。我没有提到当时情况的紧迫性，所以他们并不知道投资人可能会放弃投资。我们有一个资金雄厚的战略投资方，而且跟他们建立了紧密的合作关系。所有人都觉得："他们不可能放弃投资。"

帕特尔和他的联合创始人兼首席运营官一直在围绕公司需要支付的债务数额跟对方讨价还价。在董事会的授意下，他们一开始提出的报价很低。制造商根本不接受他们提出的报价。随后，两人每周都会去找这家制造商，一点一点地提高报价，但都遭到了对方的拒绝。

问题在于，我们的谈判对象（签约制造商方面的代表）并不是高层决策者。他们所处的职位决定了他们很难做出决策，我当时并不清楚这点。大概过了八周时间，我才终于通过电话联系到正确的负责人，对方身在加利福尼亚，而我们必须尽可能地节省资金。我说："朋友，你一定要帮我联系到负责人。要帮我联系到你的上司和上司的上司。如果我们这周没有签约，那我们的公司就完了。你手握着我的未来，我们团队的未来。"我以为我们打动了他们，这件事很快就能解决了。你知道他们做了什么吗？他们给我们写了一封信，告诉我们，如果不在一周之内完成付款，他们就会起诉我们。作为一名工程师，我完全无法理解。当时的情况就是，要么延后收款，他们可以收到全款，要么当时收款，但他们一美分都拿不到，因为我们收到的投资条款就是这样规定的，而且我们知道，如果生产商不接受这个条件，那么投资人就会放弃投资。我们又浪费了一周时间。可时间越往后拖，我们那家初创企业的资金就越少，团队的压力就越大。这并不是简单的商业交易，创业过程中的任何一次交易都不简单，从没有例外。我们一直撑到最后才联系到了真正的负责人，只用了15分钟，协议就签好了。那次谈判从头到尾耗费了三个多月的时间。时间进入了夏季，战略投资方基本失去了兴趣，最后对我们说："伙计们，祝你们好运。"最主要的投资方放弃投资后，第二大投资方也随之退出，所有的努力全部毁于一旦。没人愿意投资！很不幸，那一轮融资失败了！内部投资人失去信心之后，再开启新的融资计划会更加举步维艰。我们只能遣散了员工，我和我的联合创始人也失去了收入，不再拿工资了。我们这样处理是为了争取更多的时间。当时的情况已经谈不上账款支付的问题了，我们只想尽可能地撑下去。

第4章
痛定思痛：企业家谈失误

帕特尔所犯的错误

帕特尔与董事会达成了协议，想在收益时间延后的情况下，以内部融资的方式为初创企业提供运营所需的资金，"为公司的起步阶段争取更多时间"。他们在商讨内部融资条款的过程中取得了不错的成绩（也就是说，各方决定在此前投资的基础上扩大投资，而不是提供过渡性贷款并折算到下一轮融资之中）。他们还与投资方达成了协议，要放弃当时的签约生产商，并寻找一家质量更好的生产商。但是帕特尔想当然地认定了一件事：想要下一轮资金到位，就必须先跟签约生产商重新商讨债务问题。因此，帕特尔必须同时应对两方面相互关联的内部谈判。结果是他没能及时处理好谈判中出现的意见分歧，使投资方失去了兴趣。当时这家初创企业的处境非常危险，公司的运营过渡期只有两个月时间。因为内部投资方不愿意投资，他只能寻找新的投资人。虽然他们的产品发展前景很好（前提是要妥善解决质量问题），而且已经存在市场需求，但是因为他没能跟签约生产商达成协议，结果造成企业资金链断裂，最终只能关门大吉。我们来看看这两方面同时进行的谈判出现了哪些问题。

> **常见错误6：创业者执着于讨价还价**
>
> 帕特尔的想法是，这次较量只涉及交易的两个方面——签约生产商最终得到支付的债务总额和支付时间。

我们在这里的用词是"较量",也就是说帕特尔和签约生产商的想法都是,一方有收获就代表另一方必有损失。这种谈判通常称为"零和博弈"。这种观念很有局限性,会导致谈判者采取一系列的激进措施从而迫使另一方做出让步。帕特尔的关注重点一直都是最终需要支付的债务数额,忽略了那些可以同时为双方创造价值的机会。如帕特尔所说,他和他的首席运营官在投资方的授意之下最初采取了激进的态度,后来经过时间的推移在"你来我往"之中逐渐提高报价,最终款项额度达到了不太理想的水平。这种"数字游戏"花费了很长时间。零和博弈中的谈判方通常会认为,放慢谈判节奏可以为己方争取更大的主动权,让对方相信自己不会轻易妥协。

帕特尔和他的团队错过了很多重新制定解决方案的机会。如果要跟制造商解除合作关系,付款时间、现有库存产品控制、在产原料、未来采购承诺、生产工具和测试设备所有权等内容就都需要搬上台面。可他们没有讨论这些问题。

帕特尔和他的团队一直没有抓到签约生产商的关注重点。他们直到现在依然不理解为什么签约生产商不认可他们给出的提案。帕特尔认为他们的提案比签约生产商给出的其他选项条件更好,所以对方表示不接受时,他非常惊讶:"作为一名工程师,我完全无法理解,当时的情况就是,要么延后收款,可以收到全款;要么当时收款,但一美分都拿不到。"他们完全没有考虑寻找其他可以实现双

第 4 章
痛定思痛：企业家谈失误

赢的方式。

迪普仅在款项支付的范畴内考虑那次的谈判，从一开始就声明谈判的目标是解除双方的合作关系。他的想法就像在做某种一次性交易，完全没有考虑双方后续的关系，没有考虑中期和长期选项，也没有想到双方未来或许还有机会合作。这种解除关系的提议立刻引起了对方的情绪反应，包括失望、气愤和遭到背叛的感觉。谈判持续的时间越长，双方的反应就越激烈，因为各自都认为对方不怀好意，都认为是对方的问题。

董事会一开始就申明了自己的立场，于是帕特尔也就接受了这个立场。他可以接受董事会提出的条件，不想再"动摇"他们与董事会的关系。他认为董事会未来还会做出让步，对方也的确让步了。但这些因素叠加在一起，导致企业在价值创造方面的投入严重不足，而且没有发掘其他与董事会合作的方式。帕特尔认为投资方的做法应该是：申明立场，然后"静待佳音"。

帕特尔接受了同时开展两方面谈判的想法。但他的视野没有打开，没有注意到各项事务的先后顺序是可以灵活调整的，没有想到谈判双方背后的智囊团都会给前线谈判者带来压力。

他在这两方面的谈判开始之前都没有制定备选方案，而且在开展谈判的过程中始终没有考虑其他的替代选项。其中一部分原因或许是，他认为投资者绝不会放弃他，而且对此过分乐观。而实际情况则是，投资者一开始提出条件时已经认为自己做出了巨大让步。最后，投资者没有兑现投资的口头承诺，而是直接放弃了。

这次平行谈判持续了数周时间，但帕特尔和他的首席运营官却没有好好利用这段时间。正如帕特尔所说：

我们每次跟他们通电话都会说："知道吗，如果你们不接受提案，我们就要破产了。"然后对方会说："坚持住。等你们回电话。"然后我们每次都会说："我们现在就在回电话。"但显然还不够，我们还会继续回电话。帕特尔回忆起那段时间总是会说："坐而言不如起而行。我可以坐在这里告诉你我会离开，一直说到自己情绪崩溃，但是只要我坐在这里，我就哪儿也去不了。"

这种自我认定的最后期限，或空洞的"要就要，不要拉倒"的威胁，会损害双方之间的信任，导致双方未来根本无法合作解决问题。

帕特尔认为跟他谈判的另一方和他所代表的一方拥有共同的利益诉求，没有考虑到谈判桌对面的经理其实也是一位"代理人"，有自己的利益诉求、动机和约束因素。这种错误认知导致帕特尔一直推动事情往错误的方向发展，令事态越来越严重，最终收到了对方的律师函。

此外，帕特尔还有一种错误观念，他认为双方在谈判中你来我往的时候不需要展现个人情绪。用帕特尔的话来说就是："我的首席运营官从不受情绪影响，而我则比较情

第 4 章
痛定思痛：企业家谈失误

绪化。所以我让他来负责主导整个谈判过程，因为我知道谈判过程必须保持平稳，不能给谈判添加不可控的因素。"在我们看来，谈判者不应该期望另一方在商业讨论中不掺杂个人情绪。双方如果没有情绪交流就无法建立和谐的关系，而这种情绪交流或许可以帮助两方化解分歧从而达成双方都满意的结果。初创公司希望能够尽可能地节省资金，这点我们理解，但如果所有的讨论都通过电话进行，那么双方就很难深入了解对方的感受和想法。他们在此前的两年并没有努力跟对方建立良好的关系，此时才开始已经很艰难了。之后双方又经历了长达六周的痛苦谈判，帕特尔加强了与对方的情绪交流，但结果事与愿违。帕特尔采取"一个唱红脸，一个唱白脸"的策略，结果对方寄出了律师函，所有策略宣告失败。

我们的分析

创业者有时会在价值创造方面投入不足，如果此时还坚持零和博弈策略，谈判很容易出现问题。大部分美国人在购物时不会讨价还价，而是直接接受标签价格。大家担心遭到鄙视或拒绝，或因对方的暗示而感觉脸上无光。大部分尝试还价的人都能成功地以低价成交。例如，在美国一个消费电子产品零售中心，只有大约三分之一的消费者会在看到标签价格后尝试还价。金达尔（Jindal）和纽伯里（Newberry）认为，心理成本是消费者决定是否还价的部分原因（2016）。他们在研究中发现，如果零售商允许顾客讨价还价，那么顾客就会砍掉自己想象的那部分利润（溢价），由此提出的还价比例可能会很高（达到40%）。当顾客认为他们得到的折扣有可能高于自己的"还价成本"时，就会开始与商家讨价还价。

我们在第3章中讲过，讨价还价的行为可以帮助创业者在一次性的买卖关系中获得利益，但通常会制约双方的交流，提高双方最终无法达成交易或交易条件不理想的可能性。如果当地的文化氛围鼓励谈判双方首先了解对方的最佳替代方案，然后再决定有没有可达成协议空间，那么谈判方完全可以相互讨价还价。此时谈判方可能还要掌握锚定技术的巧妙用法。但讨价还价的做法很可能会损害创业者与潜在长期合作伙伴的关系，降低双方找到共赢方案的概率，同时发掘对方利益诉求等重要信息的机会也会有所减少。

汤普森和海斯蒂（Hastie）经过研究发现，决定双方能否合作的大部分信息收集工作在两方接触的前几分钟就完成了。在谈判初期尽早了解对方利益诉求的谈判者比过一段时间再去了解这些信息的谈判者获得的回报更高。很多谈判者并不知道，他们的利益诉求其实与谈判另一方的利益诉求非常吻合，结果因为不了解情况，最终达成的协议条件也不够理想（1990）。

创业者必须考虑到对方复杂的利益诉求，还要明白智囊团成员的意见随时会发生变化，否则谈判时很容易犯错。在帕特尔讲述的案例中，他的智囊团成员包括各种投资方成员，其中一些人还是他的董事会成员。创业者的智囊团不是一个意见

第 4 章
痛定思痛：企业家谈失误

统一的整体，而是由多种参与者组成。其中居于主导地位的投资方会对其他投资人的投资决策产生很大的影响。帕特尔并没有尝试建立一个与之对立的联盟，他对主要投资方的依赖程度过高，一旦出现问题，根本找不到其他的解决方案。帕特尔认为他的谈判对象有两个，一个是叫作"董事会"的整体，另一个是叫作"签约生产商"的整体，如图 4-3 所示。让他明白签约生产商一方并非一个整体或许并不难，但要让他明白自己的后方智囊团也不是一个整体，可能就比较困难。

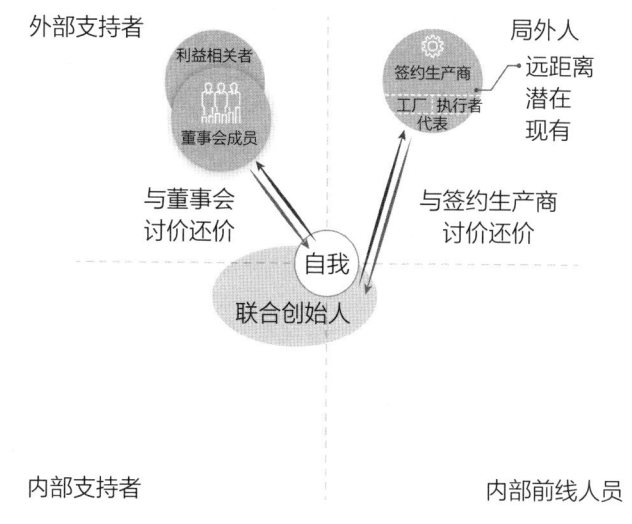

图 4-3 帕特尔的脑中对这两种谈判的印象

行动建议

如果帕特尔未来再次遇到这种类型的谈判，应该采取哪些不一样的措施呢？我们认为他应该将更多的注意力放在

双赢谈判

（当前和未来可能建立的）合作关系方面，并且要仔细研究谈判双方面临的复杂情况，了解谈判双方的压力来源和发展机会，从而将关注重点转移到价值创造上来。

帕特尔应该花费更多精力研究其他相关各方的利益诉求，尝试通过提问寻找各方的利益点。此外，还要关注到己方董事会各个成员及其背后各个投资方的不同利益诉求。为什么这些人会要求他针对签约生产商提出某些特定的条款和条件？这些董事会成员和投资方能给他多大的斡旋空间？帕特尔和他的首席运营官必须仔细斟酌此次谈判工作的短期和长期成效衡量标准。在与对方见面之前，他们还应该做些调研，查清相应行业的常规做法有哪些。

帕特尔给我们讲述了故事后来的发展。我们知道这家初创公司缩小了规模，并且争取到了新的投资，那么他在初期尝试失败后都做了些什么呢。

有一件事很有意思。我们最后还是得跟这家签约生产商谈判。交易失败之后，我们没法支付账款，支付金额变成了零，他们什么钱都拿不到。我们花费很多精力争取到了时间，终于在最后时刻找到了投资方。

新投资方入驻后对我们说："你们不要担心这家公司。我们知道现在这种情况很难应对。我们来处理。"很幸运，投资方有一位很出色的谈判者，我们最终拿回了库存产品，这已经很不错了，我们拥有了喘息的空间，至少我们不用付出更多的资金去重新生产这些东西。

我们现在销售的是整套系统，也就是 Ecovent 系统。它采用无线连接，插上电源就可以使用。总体来说就是，这套系统安装完毕之后，可以帮你调节整栋建筑的环境，它会关注到建筑内的情况、窗外环境的变化，甚至房间里的情况。它可以调节每个房间的环境，检测房间内的舒适度。用户只需要在手机上设定好自己想要的温度，送风系统就会自动进行调节。我们成立了一家公司，拿到了资金，并且运营一切正常。这真是太好了。今年晚些时候，我们还要进行新一轮的融资。（帕特尔笑了）我现在心情大好，不过我们应该高兴，因为我们的故事终于有了一个好的结局。

现在看来，帕特尔和他的团队肯定学到了重要的一课。

案例 7：凭直觉转变目标市场方向

瓦贝尔——"凭直觉制定策略导致不可控的后果"

瓦贝尔是一名博士研究生，他认为可以将社交网络绘制成图表，并对此十分着迷。后来，他成为一家数据分析公司的联合创始人和首席执行官。他讲述了自己的一段经历，当时他想为公司争取更大的获利机会，结果这件事出现了问题。

我印象最深的一次错误，是有一次我们决定要大幅调整目标客户的类型。我们最初只是针对特定的客户群体，而且取得了不错的经营成果。后来，我们听取了一些意见，主要是投资方的意见，我们认为投资方会帮我们筹措到更多的资金，于是决定全面转换目标客户方向。从学术方面来看，这种转变似乎很合理。我们当时创业的时间不长，只接触过企业类型的客户，而且这些客户聘用的都是白领员工。我们认为可以将这种技术推向零售类企业，因为这类客户在销售和其他各个方面的分析结果都很出色。当然，向一个不同的行业销售产品需要采用不同的模式。适用于某一行业和某一类型客户的工具、渠道和产品，不一定适合另外一类客户。我们当时并没有重视这一点。

Humanize公司是一家"以人为分析对象"的公司。我们使用一系列传感器和电子数据来分析人们在工作中互动与合作的模式，并根据分析结果向客户推荐解决特定问题的仪表板，例如：多样性、包容性、协同合作、风险、工作量评估和人力资源规划等。我们的工牌感应器装有两个麦克风，还有红外线、蓝牙和加速器，可以识别正在对话的员工身份，两人对话的方式（而不是言语中叙述的内容），据此判断两人面对面交流的真实情况。我们可以从更宽泛的视野和数字的角度分析整个公司内部的情况。我们可以根据分析结果改变公司的管理模式。我们可以提供帮助，让成千上万的人爱上自己的工作，并赚到更多的钱。

于是我们开始了跟第一家大型零售企业的磋商。这家零售公司规模非常大，有数千家连锁店，超过10万名员工。我们走进会议室时充满了信心，认为我们提供的解决方案能帮

第4章
痛定思痛：企业家谈失误

他们提升员工的工作表现。我们沿用了此前一贯的谈判准备工作方法，我们围绕这种高端技术精心准备了演讲稿，我们查阅了很多有关这家公司的资料，努力查找他们关心的问题，解释我们如何运用这种技术帮他们解决特定的问题。我觉得我们的这部分工作做得很不错。会议很顺利，我们所提出的正是他们关心的问题。成效很不错。会议结束后，这家公司的高层领导对我们非常认可，还说："我们相信你们的技术可以提高员工的工作表现，相信我们可以看到可量化的成效。"当时我们感觉很不错。

过了几天，我们准备开始签约了，但他们突然说："抱歉，我们不会付钱的！你们要用一年时间证明这种技术有用，然后我们才会付钱。"

那只是我们与新行业接触的第一次会议，所以我们劝自己说："没关系，也许只有这家公司这样做事。我们再开几次推广会议吧，再尝试一下。"当然，我们最终没有成功，并且认识到，我们的基本设想就是错的。我们发现在零售行业，新技术刚出现时往往会提供给客户免费试用，证明这种技术的确行之有效。这一原则与我们的经营模式形成了对立。我们没办法以这种方式运营自己的公司，我们必须挣到钱。

这个过程给我们的公司带来了很大压力，我们花费了几个月时间制造样本设备，规划营销，甚至调整技术，就为了服务这种新的客户类型——零售企业。但此时我们也只能彻底放弃这个打算。我们必须耗费更多的资源将工作重心调整回原来的客户，因为这个时候我们已经失去了最初的发展势头。我

> 167 <

们只能重新争取老客户。我们对于零售行业的认识只停留在学术方面，并没有进行过验证，这种纸上谈兵就花费了差不多一年时间。这还是从工作量的角度来看，除此之外，我们在心理方面也受到了不小的打击。我们在公司起步阶段耗费了一整年时间却没有获得什么成效，这件事给我们造成了巨大的心理压力。这条路走不通，所以我们只能暂时保持较小的规模，这次尝试对公司发展的影响在此之后又持续了一年。

瓦贝尔所犯的错误

瓦贝尔带领公司将实验成果转化成了商业产品，这点做得很好。他相信自己的技术一定能为客户带来财务方面的收益。当他决定将工作重点转向新的细分市场时，他们沿用了之前的准备流程。遗憾的是，新客户的行事方式跟以前的客户完全不同。我们来看看哪里出了问题。

> **常见错误7：创业者过度依赖直觉**
>
> 瓦贝尔在准备过程中没有咨询顾问，也没有询问可能熟悉新客户谈判方式的高层领导。他和他的团队为营销会议和谈判进行了准备，但对自己的谈判策略没有清晰的认识（也不清楚应该做出哪些调整来适应新的谈判环境）。实际上，这家公司的创立时间很短，企业内部并没有经验丰富的高级销售人员帮忙。他们将注意力放在了自己的演讲稿上，凭直觉判断客户可能存在的问题和利益诉求。

第4章
痛定思痛：企业家谈失误

> 瓦贝尔的问题在于，他认为过去行之有效的方法现在依然适用。他听从了董事会的意见，凭直觉认为这种转变的确可行，于是就转向了新的细分市场。

我们的分析

瓦贝尔和他的团队向零售公司的高级主管介绍完产品之后，感觉效果不错，但了解到这个细分市场在运营过程中采用完全不同的谈判和支付标准时，却感到非常的震惊。相关学者早就针对这种过分信任自己直觉和过分依赖个人经验的情况进行了研究，并且发表了不少研究报告。

创业者应该（在工作过程中不断积累经验）编制自己的通用检查表，迫使自己在为新的谈判做准备时认真审视自己的谈判策略和假设想法，如果没有这方面的准备，谈判就很容易出现问题。例如在航空航天领域，检查表是一种非常重要的工具，可以确保安全飞行，保证每个人都做好应对突发状况的准备。

德加尼（Degani）和威纳（Wiener）进行过一项针对航空运输领域的研究，但是他们的研究成果在其他领域同样适用，我们认为，这项原则也适用于商业谈判（1993）。航空领域编制检查表的目的在于：①提供一份按顺序排列的工作框架，保证内部和外部操作要求都得到满足；②便于团队成员之间相互监督（交叉检查表）；③确认好团队中每个成员的职责，并确保团队协作效果达到最佳以及驾驶舱工作的合理分配；④确保所有成员的参与，提高团队合作意识；⑤作为经理、高层主管和董事会的质量控制工具；⑥敦促员工积极使用通用程序和最佳实践。总而言之，检查表可以帮助企业规避问题和提高员工的工作表现。在商业谈判的环境中，这六个目标同样有其效用。

创业者应该以正确的方式对已经结束的谈判进行简要的总结，缺少这一步就无法确定自己的坏习惯或其间出现的问题，因而也无法避免未来继续犯错。初创企业如果想要实现以上目的，必须拟定一份要提问列表，并且要总结一份数据库，方便团队总结自己的行事倾向和追踪问题的改进。

创业者在为即将来临的谈判做准备时，如果只是根据以往的成败经验进行机械的推断，那么谈判也很容易出现问题。很多情况虽然看起来跟以前相似，但会涉及很多不同的元素，因此也需要创业者打开全新的视角。军事领域的专家经常谈到"上一场战争"一词。将军采用了以往的成功作战策略，结果却发现世界已经变了，技术跟以前不一样了，战争的参与者也不一样了，那么战场上的情况必然也会发生变化。采用以往的作战方略很可能不会取得相同的成效。哪怕已经尝试将新的情况纳入考虑范围，如果创业者没有将自己掌握的知识或得到的信息与专家提供的意见进行对比，那么新的谈判还是很可能出现问题。邓宁（Dunning）和克鲁格（Kruger）通过实验证明，人们很容易被自己的直觉欺骗，以为自己已经做好了技能测试的准备，但实际上还差得很远。这种虚假的优越感有两方面原因：一是当事人水平不高，二是当事人不知道自己水平不高（1999）。创业者也会出现类似的错误，他们会过度依赖自

第4章
痛定思痛：企业家谈失误

己的直觉，不知道自己并不善于应对接下来的挑战。创业者对自己的能力认识不足通常是因为自我评价过高。我们可以通过持续的训练在一定程度上改变这种认识。

现在大家都明白了，谈判比单纯的讨价还价和双方对抗要复杂得多。决策行为研究和行为决策理论的一些实验表明，直觉偏好对每一位创业者都有影响，甚至那些行为似乎不够理性的企业家也不例外。当两位或两位以上的谈判者共同参加一次谈判时，他们每个人都会有自己的理性看法。最近出现的行为经济学，为买家和卖家决策的社会影响提供了一些解释。商业管理人员和政府领导现在都知道，人们有时候会做出完全非理性的决策。因此，作为创业者，我们必须将所有的谈判者都视为掌握决策权限的社会参与者，同时还要明白，所有谈判者都会受到直觉和个人情绪的影响。

谈判者跟其他人一样，也会在直觉的引导下选择比较简单的策略，制定决策时也会采用一些认知捷径。本书所介绍的各种认知偏差，都有可能让创业者重复出现某种错误。创业者在做决策时一定要注意，不能太过相信自己的直觉。我们在下方罗列了一些创业者可能会遇到的心理陷阱。[1]

- 框架偏差——创业者将问题限制在某个框架之内（积

---

[1] 汤普森、尼尔（Neale）和新纳西尔（Sinaceur）(2004) 以及巴泽曼、柯汉、穆尔（Moore）和瓦利（Valley）等学者开展过很多相关的实验，定义了很多种认知偏差 (2000)。这份列表只包含其中的部分内容。其中的名称和描述旨在便于读者理解和记忆。

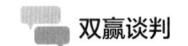

极或消极），因而影响了创业者承担风险的意愿。

- 锚定偏差——创业者受到最初报价或锚定数值的不良影响，这些锚定数值可能是正式报价，也可能不是，甚至可能是某些随机数字。
- 自利性偏差——个人由于立场的不同，对同一情况的解读会有很大的区别，对"谁对谁错""何为公平"等问题会有不同的判断。
- 可得性偏差——比较容易记住的信息看起来会更加重要。自己印象深刻的事情就觉得发生的概率更大。
- 过度自信偏差——谈判者经常会出现过度自信的心态，或者过度乐观地认为，谈判的结果会对自己有利。
- 固定馅饼偏差——创业者认为谈判就是一场输赢较量，或者指发现双方不能通过权衡利弊而共同创造价值，没有寻求双赢的实现。
- 透明度错觉——创业者认为其他人可以"看出"他们的想法、意图和/或目的。
- 反应性贬值偏差——谈判者看到自己不信任或不喜欢的人给出的报价或条件时，会不自觉地降低其价值。
- 后见之明偏差——知道结果之后，创业者过度高估自己此前预测事件发展的能力。
- 基本归因错误偏差——创业者因为某些人处于不利位置就认为他们有不良企图（而不是根据个人的真实性格进行判断）。

第 4 章
痛定思痛：企业家谈失误

- 威慑偏差——谈判者相信威慑手段可以压制对手，但认为威慑对自己不起作用。
- 确认偏差——创业者可以轻松发现与自己想法相符的信息，却忽略了（错过了发现的机会）与自己想法相悖的信息。
- 统计偏差——预测事件发生概率时，人们往往会忽略样本大小、基本概率、随机性、关联性和回归均值等问题。
- 代表性偏差——创业者对一些不具代表性的事件、意见或经验没有给予适当的重视。刻板印象对这种认知偏差影响很大。
- 现状偏差——谈判者希望保持现状而不愿改变现状，并认为事情大概率不会发生变化。
- 聚焦偏差——人们将关注点集中在某一件事或某一种结果上，在事情发生的过程中，没有考虑到其他的情况同样可能出现。
- 盲点偏差——每个人都身处于特定的环境之中，容易看不到他们认为不可能发生、不符合环境特点或不符合个人预期的事情。
- 情绪偏差——好心情会让人更容易相信自己的直觉。

行动建议

如果瓦贝尔未来再遇到相同类型的谈判，应该采取哪些不一样的措施呢？这点对瓦贝尔来说尤为重要。大部分成长过程中的企业都需要制定决策，确定是否要开拓新市场以及开拓市场的时机和方式。在现实生活中，瓦贝尔所描述的这段经历已经过去了几年时间。他的公司已经扩大了规模，进入了其他的市场领域，并且已经具备了足够的实力，可以重新考虑进军巨大的零售市场了。这一次，他们的做法可能跟上次有些不同，但是区别或许不大。我们建议瓦贝尔这次可以尝试以下的措施。

瓦贝尔和他的团队应该拟定并使用一份产品市场开发检查表，要像推广新产品或建立新公司一样认真对待。他们应该像比尔·奥莱特（Bill Aulet）在他的著作《自律型创业》（*Disciplined Entrepreneurship*）中所说的那样，遵循一套自律规范，这样他们才能搞清楚自己的哪些做法已经过时了，或者哪些做法不适用。更重要的是，这样他们才能明白，自己对新市场和新客户的哪些方面还不了解（2013）。瓦贝尔应该将这些"已知的未知"绘制成图表，尽可能地收集更多与之相关的信息。除此之外，他还应该向专业知识更加丰富的人征求意见和建议。如果这项工作持续时间比较长，他还应该考虑聘请具备相关经验的人才加入团队。他应该组织业内人士（包括潜在对手）召开筹备会议，并在开始营销之前花时间听取别人的意见。掌握这些信息之后，他才能拟定未来的交易提案。

瓦贝尔应该在每次谈判结束后回顾谈判过程并做总结，尝试评估他自己和团队整体的准备工作水平高低。或许他还可以聘用一位专门的工作人员，负责在公司发展过程中持续提高团队的谈判水平。

瓦贝尔还应该设法了解董事会给出相应建议是出于什么样的想法,哪怕董事会之前给出的预测准确无误,也不应该简单地认为董事会在给出意见时已经完全掌握了相关的信息。如果要考虑新的发展方向,瓦贝尔应该制定清晰的无交易备选方案,并且必须提前规划好自己的次优选项。

因为担心未来出现资金短缺的问题,瓦贝尔只能回头去争取以前的客户。这家企业的发展因此延迟了一年时间。现在他想借此提醒其他创业者,不要太过依赖自己的直觉:

你可能认为自己比其他所有人都要聪明,或者你比其他人都更了解这个市场,但其实不是,大家都只是普通人。你要学会谦逊,要懂得活到老学到老……

通过这次经历,瓦贝尔明白了在处理新的问题时不能过度依赖自己的直觉和老习惯。幸运的是,他没有被这次经历打垮,还从中学到了经验。

案例 8:不带情绪色彩地出售公司

克劳勒达特和汉森——"从成功,到贪婪,再到诉讼"

克劳勒达特是生物化学和医学微生物学博士,汉森是生物物理学博士，这两人曾担任公司的医疗设备高层主管，现在已经成功创立了多家公司（同时还赢得了多个奖项，并与麻省理工学院和波士顿地区的医疗机构和其他学府合作，培养了几届学生和研究人员）。他们一起讲述了过去自己忽视科技商业领域情绪因素的一段失败经历。

我们两人都是高端技术领域的科学家，我们创立的每一家企业都是从想法开始的。我们做过各种研究、产品定义、产品开发，并且产品上市之后我们很快就会离开公司。科技公司在初创阶段主要以数据为导向。如果在分析数据时还带有个人情绪，那你最好去干点别的事情。社会交往中有很多的规则，比如"要给别人留面子""在跟别人交涉的时候，不能让对方觉得尴尬，也不能让对方感觉自己已经被逼到了墙角"，这些跟科学家的价值体系完全不搭调。谈判不能以科学研究的方式去处理。如果你开始在分析数据时得过且过，努力取悦企业投资方，或者如果你不够诚实、坦率，在数据质量方面自欺欺人，那才是科技类型的初创企业出现问题的时候。

我们对于合作伙伴，主要是金融合作伙伴的错误判断，主要在于他们的贪婪程度，这种错误判断最终导致了问题的发生。这些金融人士的贪婪程度往往会超出我们的想象，最终导致双方发生冲突。我们经常犯的一个错误就是，没有认识到贪婪对某些人的影响竟然如此之大。寻找可以信赖的投资方可能是创业过程中最艰难的一项工作了。技术型的创业者需要经过一段时间的锻炼才会明白，跟你见面的销售人员说话总会有些

第4章
痛定思痛：企业家谈失误

夸张。如果你是一个"死脑筋"的人，那我能给出的最好建议可能就是，尽早与一位更具商业头脑的人组成团队，一起参加谈判，不要独自参加谈判。

我们两人在一家大型诊断技术公司担任高层管理人员的时候就开始搭档做事了。我们一起把产品推向了市场，所以融资对我们来说比刚毕业的学生要容易一些。我们成立第一家公司的起因是一个技术设想，当时的主要投资方是一家从未涉足过医学诊断技术领域的企业，他们为那家初创企业的发展投入了大量的种子资金。开发工作非常顺利，三年之后，我们向几家有望成为合作伙伴的大型公司展示了我们的技术产品。这时，最初那家投资方兼合作伙伴说："如果你们打算把这个产品推向市场，需要企业提供支持，销售这个产品等，那这个工作我们不会做。我们一定要跟这个领域里的大人物合作。"于是后来大人物就出现了，他们测试了产品，验证了我们的设想，提出要以7000万美元的价格收购这家创立三年、初始资金1000万美元的公司。我们两个人应该能拿到其中的25%，这笔交易很不错！就在这时，我们的金融合作伙伴起了贪念，他们起诉了我们，希望把我们踢出公司。收购提案一出，他们就想解聘我们，还跟我们说："非常感谢你们提升了企业的价值。我们不打算卖掉公司了，我们要自己经营。你们被开除了。我们会聘用新的负责人。"真是出其不意！

那之前曾有消息说，这家投资公司的首席执行官并不认同我们的合作方式。他不喜欢我们这种联合创始人的合作模

双赢谈判

式,他认为汉森性情温和,而克劳勒达特霸道又刻薄。我们曾经在他的办公室里为此事发生过几次争吵,我们认为初创公司经常发生的一种情况就是,投资方或潜在商业合作伙伴想要挑拨创始人的关系,从而更好地控制他们(我们认为投资方的这种做法并不是因为我们两人的婚姻关系,因为大多数人根本不知道我们是夫妻)。

我们的投资方并不了解这个市场,所以他们很想知道这笔投资是否有价值,换句话说就是:"我们能得到些什么?"我们参加了两次这家公司的董事会议,向他们说明这项技术,现在回想起来,我们对这个金融合作伙伴的印象就是,他们规模很大,实力很强,用一根大拇指就能碾死我们,那就是我们未来的结局,而他们对我们毫不在意。我们当时就应该对此有所警惕。规模这么大的公司,应该会聘用一位经验丰富的医疗人士来担任高层主管,负责监督相关的投资项目和赢利情况。回想起当时的情况,在我们参加会议时,对方的高层管理团队的确没有医疗方面的高级人才,我们当时就应该有所警惕了。

我记得他们当时说:"去给你们的产品找个买家,然后我们会搞清楚这笔投资有什么收获。"他们知道我们在跟哪些公司合作,但这个投资方在众多合作者中规模最大:他们是专利方面的专家,他们可以评估这项知识产权的价值,可以评估我们,还可以评估我们的产品。他们带来了自己的高层技术人员和样本,在实验室里待了一个星期。他们不仅完成了严谨的评估,还对我们进行了严格的尽职调查。随后,这个投资方给出

第4章
痛定思痛：企业家谈失误

了发明和技术的评估价值，我们觉得这可能就是整件事的转折点。我们收到了条款说明书，其中给出了评估价值，然后我们跟那家大型诊断技术公司进行了三个月的谈判，整个过程都很顺利，对方的条件也很公平。并不是说我们没有与投资方讨价还价，而是交涉过程很顺畅，颇有成效。但是我们或许忽视了背后隐藏的消极因素。

从技术管理角度来说，克劳勒达特和汉森的做法没有问题。他们的努力得到了很大的肯定，一家公司愿意出资7000万美元收购他们的企业，而他们两人的资产占有比例是25%。从商业成就方面来看，这家企业也做得非常成功，但此时出现了问题，在这家公司提出收购之后，他们两人被解聘了，而且主要的投资公司还对他们提起了诉讼！他们在商业谈判过程中没有提前制定规避措施，也没有及时发现问题，因此付出了沉重的代价。我们来看看双方关系破裂之后，事情又有了什么样的发展。

我们在谈判的时候，本来计划采取阶梯式收购方式。收购的每个阶段会有不同的阶段性目标和阶段性款项支付，交易总额是7000万美元。这对那家投资公司来说是一笔非常不错的买卖，他们不需要任何其他的投资项目就可以获得7000万美元中的三分之二。新加入的大型诊断技术公司会提供未来所需的全部投资。对于原本的投资方来说，接受这笔交易比单靠自己发展这家初创公司更符合企业的利益。所有的问题都在我们关系破裂之前的三个月集中爆发了。其实之前也有预兆，只是我俩一直忙于跟那家大型诊断技术公司交涉收购事宜，很少有时间去关注这些细节。

那次的诉讼简直就是个笑话。他们提起诉讼的理由是，我们盗取了公司机密，包括实验室中的资料。我们俩被吓坏了。但我们知道只要把实际情况说清楚就可以了。我们和律师一起进行了八次取证才最终反驳了他们的目击者证词，证明那次的诉讼非常荒唐。对方的律师说："我们现在就要解决这个问题。"我们最初签订的投资协议里有一项强制条款，写明三年之后这家公司必须买下我们所有的股权。他们的确是这么做的，但不是按照 7000 万美元的价值，而是按以前谈判商定的一个较低的价值，我们也接受了。

我们不知道对方是不是从一开始就做好了全盘计划。可能是，也可能不是。我们不明白应该怎样做才能经营好双方的合作关系。最后那三个月，双方的关系急转直下，我们当时只想尽快离开那里。汉森认为我们应该忘掉过去继续自己的生活，但克劳勒达特还是想先把这件事情搞清楚。这次我俩退出后得到了对方的付款，或者说遣散费，于是我们开始继续创业，在剑桥开设了一家研发外包公司。

克劳勒达特和汉森所犯的错误

克劳勒达特和汉森的经历充分证明，他们是出色的发明家，是研发实力强大的项目经理人。他们在开展科研工作的时候，已经养成了在工作中不掺杂个人情绪的习惯。但在瞬息万

第4章
痛定思痛：企业家谈失误

变的创业环境中，情绪在商业合作伙伴关系的管理和维护方面发挥着尤为重要的作用。让我们来看看他们犯了哪些错误，这些错误对他们的企业产生了哪些影响。

> **常见错误8：创业者否认自己的情绪变化**
>
> 克劳勒达特和汉森非常注意控制自己的情绪。他们认为摆出事实和数据就可以让其他人保持理性思维。他们低估了包括贪婪在内的各种情绪对其他人的影响力。他们两个人都太乐观了，相信其他人都会信守承诺。

我们的分析

我们认为，成功的创业者需要将情绪和人际关系看作人类行为不可分割的组成部分。创业过程中的人们，其情绪容易激动的部分原因在于，技术创新和初创企业的成败存在不确定性。接下来我们会给大家提供一些实验结果，证明压抑或忽视情绪变化会起到反作用。

我们之前说过，创业者必须明白，情绪在谈判过程中发挥着重要作用，不能正确认识这点的创业者很容易犯错。从克劳勒达特和汉森的讲述中，我们可以看出，他们在发现自己受到不公平待遇、与人产生矛盾和遭到背叛时情绪反应非常强烈。我们在之前的案例中也看到，谈判中的很多情况都可能引发强烈的情绪反应，影响人们的判断力，有些人因此采取了不当措施，因而损害了自己的利益。

当风险程度很高时，人们的情绪变化会更加激烈，谈判者一方面受情绪影响渴望采取一些行动，一方面根据认知思维判断出自己"应该"采取另外一些行动，两种想法的拉扯会给谈判者带来巨大的压力。我们在上述案例中看到，个人的贪念与对合作伙伴的忠诚之间产生了严重的情感－道德困境。滕布伦塞尔（Tenbrunsel）研究发现，人们总是认为自己是道德感很强的人，自己的道德标准高于平均水平。他通过实验发现，当赢得的奖金数额比较低（1美元）时，人们不太会欺骗自己的对手，但是当奖金数额大幅提升（100美元）时，人们欺骗对手的概率就会提高，但在双方进行谈判时，无论涉及的金额是1美元还是100美元，谈判者都会认为对方在欺骗自己。

毫无疑问，克劳勒达特和汉森所经历的这种背叛通常都会引起愤怒等负面情绪。奥尔雷德（Allred）、马洛兹（Mallozzi）、松井（Matsui）和拉亚（Raia）研究发现，谈判一方表现出怒意通常会降低对方的合作意愿和引起对方偏颇的想法，从而对谈判过程产生负面影响，最终降低谈判双方的收益水平，使双方的交流更容易陷入僵局（1997）。谈判者在愤怒的状态下更容易表现出以自我为中心、过度自信、好胜心强等特点，更容易凭借直觉做出决策，招致对方未来的报复和造成双方矛盾升级。

不过愤怒也可以转化为行为的动机。学者发现，害怕谈判陷入僵局的一方会更容易做出让步。创业者必须了解在感到愤怒时应该如何管理自己的情绪，应该以何种方式将情绪表现

第 4 章
痛定思痛：企业家谈失误

出来。还记得帕特尔的案例吗？他亲自参与了讨价还价的过程，结果却让对方更加愤怒。他把自己的愤怒发泄到了签约生产商代表身上，但这种策略并没有成功。帕特尔的愤怒意味着责备，引发了签约生产商代表的"还击"，结果对方威胁要将他告上法庭。几周之后，他终于和对方的高层领导通了电话，帕特尔的愤怒不再针对个人，而是针对当时的境况。此时，他的境况越来越接近极限，愤怒的情绪也让他表现得更加强硬。对方的高层主管害怕谈判陷入僵局，双方不到 15 分钟就签订了协议。莱利耶菲尔德（Lelieveld）、范·戴克（Van Dijk）、范·必德（Van Beest）、斯登利（Steinel）和范·克里夫（Van Kleef）研究发现，当愤怒指向某个提案而不是某位个人时，得到的回报会更多，因为此时愤怒者会表达出更多关于自己接受限度的信息（2011）。这几位学者认为，愤怒是人们在谈判过程中最常表现出的情绪之一。另一种是失望。不过这两种情绪有明显的区别。对某人感到愤怒并不等同于对此人感到失望。失望代表某种期望或希望，对方会因为自己没有满足这种期望而感到内疚。与愤怒相反，当失望指向个人时得到的回报会更高，因为这种失望会让对方感到内疚。我们在后文中还会讲到克劳勒达特和汉森几年之后的一次经历，他们当时跟一家大型制药公司签订了外包研发协议，结果自己想得太乐观了，损失了一大笔钱。克劳勒达特和汉森最后成功交付了产品，但是对自己事先签订的协议条款感到非常失望。虽然他们不记得自己表现出了失望情绪，但还是引发了制药公司高层主管的内

双赢谈判

疚感,或许也是出于感激,对方最终决定给予克劳勒达特和汉森一些补偿,这让两人非常意外。

积极情绪和消极情绪是谈判过程中不可避免的因素。相关研究证实,积极情绪可以提升谈判者解决问题的能力,从而推动双方达成双赢的结果。例如,福加斯(Forgas)设计了一个两阶段试验。他先针对受试者(似乎应该与测试无关)的语言表达能力给出虚假的反馈,引发受试者的某种情绪。然后,他会要求受试者拟定一份复杂的协议,心情比较好的谈判者一般会采取合作策略,给出比较顾全大局的解决方案(1998)。心情愉快且放松的谈判者表现出的创造力、合作意愿和解决问题的能力通常会更强,而且对自己取得的成绩也会更加满意。积极情绪可以帮助创业者取得更大的利益,创业者否认自己的情绪时,会更容易受到消极情绪的影响,获得的利益也会相应减少。

在克劳勒达特和汉森的案例中,我们看到,他们两人总是会不自觉地在商业谈判中压抑自己的情绪。幸运的是,他们彼此互为依靠,可以互相扶持着对抗外界的挑拨离间。戈特曼(Gottman)多年以来一直致力于离婚率和婚姻稳定性的研究,经过多次调研,最终将自己的研究成果定名为"末日四骑士"(隐喻婚姻的破灭)(1993)。我们认为他的研究成果同样可以用来描述联合创始人的合作能力。戈特曼在著作中列举出了多种导致合作关系走向分裂的消极行为,包括鄙视(表现出不尊重、显示自己比对方优越)、批判、防御(感觉遭到不公平指责时的反应,很多时候防御的行为会造成矛盾进一步升级)和

第4章
痛定思痛：企业家谈失误

竖起高墙（因为产生退缩心理或感觉受到太多的批评而自我封闭或拒绝交流）。这些因素同样也会影响创始人和主要投资方之间的合作关系。克劳勒达特和汉森在与战略投资方沟通的过程中，应该注意观察一下，是哪些预兆最终导致双方以"离婚"诉讼惨淡收场。

创业者如果对与身份相关的压力没有给予足够的重视，并想方设法解决这些问题，同样很容易在谈判中犯错。如果在此基础之上，创业者又没有在双方的交涉过程中仔细斟酌主观价值，那么迟早会引发更大的问题。我们在之前拉纳德的案例中已经看到，主观价值和衡量成功与否的实质性标准同样重要。克劳勒达特和汉森认为，投资方想将他们赶出公司的动机就是贪婪，但或许他们两人给投资方提供的主观价值非常低，也许这才是双方分道扬镳的情绪动机。

行动建议

克劳勒达特和汉森未来应该如何改变自己的做法呢？他们或许应该先明白一点，情绪也会影响他们自己的行为，潜在工作关系的建立不仅涉及传统的商业因素，同时还兼具情感交流，因此情绪在双方的合作关系中同样发挥着重要作用。此外，他们还应该投入更多时间和精力与重要的合作伙伴培养起和谐的关系。他们两人是科学家，他们的工作总是以数据为主导，因此他们可以编制一份准备工作检查表，为他们与企业重要参与者之间的沟通设定一套情绪交流和关系好坏方面的衡量标准。然后，他们就可以像追踪预算变化一样，通过这张表观察自己是否有进步。克劳勒达特和汉森很清楚，他们在人际互动方面有时会出现"盲点"，所以我们建议两人未来考虑聘用一位经验丰富的中间人，帮助他们进行相关的交涉活动。

下次再遇到这种情况，克劳勒达特和汉森应该和潜在合作伙伴及现有合作伙伴一起开展联合调研。也就是说，他们可能需要独立客观的第三方专业人员帮忙，但是这个第三方必须得到谈判双方的认可。调研的目的是帮助潜在投资方或现有投资方了解更多信息。让双方都掌握更多（大家认为可信）的技术信息，有利于双方后续共同创造价值，并进入问题解决的合作模式。一旦信任关系遭到破坏，合作的两方会很容易将对方妖魔化，认为对方动机不纯，或者认为对方的性格和行为是问题发生的根本原因。罗伯特·芒金在他的著作《谈判致胜》中描述了多个案例，他对于"恶魔"（devil）的定义是，一位故意伤害其他人或未来打算故意伤害其他人的人。我们可以借助问题解决谈判框架来进行仔细的分析，然后再判断是否要与对方进行谈判，或是否要与对方抗争。

有些时候，谈判本身可能就是抗争的一部分。像克劳勒达特和汉森这样的创业者，在创业初期经常要与背景雄厚的大型公司进行高风险战略合作的谈判，这样的创业者必须面对一个问题，即对方是真的有兴趣成为他们的合作伙伴，还是想借助自己强大的实力（或雄厚的资金）毁掉一个刚刚萌芽的创新型竞争对手？迪帕克·马尔霍特拉在他的著作《哈佛商学院谈判课》（*Negotiating the Impossible*）中仔细研究了很多案例，这些案例中都有一个谈判方因为实力和资源的不平衡而显得前途渺茫，有些案例中，秉持善意的尝试已经遭遇了"滑铁卢"（2016）。每次遇到这种情况，我们总是会发现框架思维显得尤为重要（例如，不能只关注大公司的强大实力优势，不能只关注初创公司在业务中做出的独特贡献以及随之可能创造的价值），此外我们还会发现，对谈判过程保持积极的信心和人际交往中的情绪共鸣都可以在某种程度上调和双方实力的不平衡。要注意"共鸣"不能与"同情"混为一谈，当对方感到被"同情"时行为会比较恶劣。你不需要勉强接受他们的说法或观点。但是如果你在与对方完全没有共鸣的情况下将对方妖魔化（不去尝试了解对方的利益诉求，或者不去理解对方行为背后的原因），那么你的选择就会更少，负面认知和负面情绪也会加剧——然后你就会更加确信，与对方的争端根本不可能解决。

如果双方的矛盾已经正式爆发，那么还有第三个选择。除了让步和抗争，谈判方还可以选择让调停人介入。大卫·霍夫曼（David Hoffman）在他的著作《调停人》（*Mediation*）中列举了"中立方辅助"方式的优缺点（2013）。其中包括节约时间、节省资金、保护隐私、维护双方现有关系、让各方在最终决议的确定方面都保有一定的发言权。如果双方以诉讼方式解决问题，那么结果就是一方获胜，一方落败。如果让调停人介入，那么所有的决议都必须获得双方的认可。我们并不知道各个谈判方在这种情况下的具体想法，但是通常各方都需要为庭审的准备工作中投入大量的时间、金钱和情绪成本，结果有一方必定会一败涂地。而调停这种方式却可以得出双方都比较满意的结果。

这次争端解决之后，克劳勒达特和汉森用拿到的资金开设了另外一家公司。这一次，他们遴选出了更出色的合作伙伴，并且采用了相应的机制来规避情绪问题带来的风险。下文是他们对随后两家企业的简单介绍。

我们开始继续创业，在剑桥开设了一家研发外包公司，而且这家公司业绩不错。我们承接了一家制药公司的外包合同，他们在研发的过程中需要使用一种体长只有一毫米的微小蠕虫，所以想让蠕虫的分析过程实现自动化。我们把全部资金都投进去了，一点不剩。我们完全没有想到研发过程居然要花这么多钱，但是外包行业就是这样的：如果你的投标出了问题，那就只能自己承担后果。我们最终还是交付了产品，而且产品运行良好。该产品每秒可以精准抓取大约500条蠕虫，这是一个巨大的进步。但是我们把资金都花光了。好在跟我们签订合约的这家制药公司知道我们损失了很多钱，他们提出可以让我们使用这件产品的专利，以此作为额外的补偿。他们会收取一定的专利费，但也告诉我们："你们可以用这项专利经营公司。"

我们为这项专利开设了另外一家公司，并找到了投资方，因为我们需要企业成长资金。对方具备相关领域的知识背景，

第 4 章
痛定思痛：企业家谈失误

有推荐人，而且从业经验丰富，是个无可挑剔的投资方。我们采用了经典的企业经营模式，投资方成了董事会成员。董事会中还有几位独立成员。投资方持有的表决权份额较小，故而同意了这种做法，而我们在有过上次的经历之后也希望董事会中有独立成员存在。我们从一开始就商定了退出方案和出售公司的相关事宜，双方就此达成了一致。我们的这次创业非常顺利。拿到投资资金之后仅仅过了一年，我们就找到了买家，或者更准确地说，是买家找到了我们。

克劳勒达特和汉森互相为对方提供情绪支持，并且找到了越来越多可以信赖的伙伴为他们提供建议，在创业的过程中，他们一起克服了无数的困难。

对于以上 8 个案例的反思

创业者——"吸取我们的教训"

通过本章内容，我们可以清楚地了解到，这些来自各行各业、不同文化背景、不同行事风格的创业者，无论经验多少，在发展企业和面对诸多谈判困境的时候都曾经感到力不从心。我们在前文给出了行动建议，创业者未来遇到相同的问题时，可以参考这些意见，避免出现同样的错误。前文提到的几位创业者都在积极吸取经验，他们明白必须尽快找到自己的谈判问题所在，并及时加以解决。

8个错误案例综述

我们给出的8个案例实实在在地证明，在商业谈判过程中如果处理不当，那么即使有好的种子想法、签订了投资条款说明书、聘用到了合适的高层管理人员、签订了业务拓展协议，依然有可能会前功尽弃。我们讲述了创业者与客户、董事会成员、投资方、员工、代理商等各种参与者的谈判。不过这些只是我们采访记录中的一小部分。之所以选择这几个案例，是因为它们突出体现了我们认为创业者最容易出现的一些错误，并且内容涵盖了情绪、不确定性、复杂性和合作关系等各个方面。下面我们再来回顾一下，不过这次我们融入了其他参与案例研究的人对于创业者整个群体的思考。

1. 创业者太过以自我为中心

盖斯切特的案例证明，企业家很容易太过关注自己的利益诉求而忽略了谈判另一方的立场。盖斯切特从没有研究过对方的潜在利益诉求，所以在对方的需求超出他的预期时表现出了过激反应。他认为对方采取这些行动都是出于恶劣的目的，没有想到双方可以实现双赢，也没有留意观察这样的机会。盖斯切特学到的教训就是，他必须提升自己的倾听能力。

2. 创业者过于乐观和自信

特威德-肯特明白她必须提高自己应对风险和不确定性

第 4 章
痛定思痛：企业家谈失误

的能力，但是她和其他很多创业者一样，高估了自己在起步阶段的判断、取舍和决策能力。而且，她完全没有想到那次的协商过程有可能失败，或者对方有可能并不可靠。她太信任别人了，最终因为这种盲目自信导致认知出现偏差，并因此遭受了损失。

3. 创业者只想马上就赢

拉纳德能力很强，他选择创业的主要目的就是——证明自己。他的关注焦点就是证明自己比同行更出色，甚至不惜为此牺牲风险投资方的利益。他处理重要谈判时，就像是双方以后再不需要有任何来往。他的眼光不够长远，没有想到未来与风险投资方的交涉或许比眼前的胜利更加重要，也没有考虑自身的短期行为会对双方的信任、平等互利和长期合作产生深远的影响。他在寻找投资时的确获得了所谓的"胜利"，但他的合作伙伴却很不开心。

4. 创业者太容易妥协

福克斯收到运营资金之后，急着想要取得研究成果。为了争取时间，她接受了一项条件并不是很理想的协议，而她的很多团队成员对此都有不满。她不想动摇合作关系，但她的真实意图是不想展开高难度对话。她没有发掘其他的选项，寻找更加合理的做法，而是选择了大家可以接受的最低限度的解决方案。最初似乎顺利过关，但后来却为此后悔不已。

5. 创业者孤军奋战

博耶和他的联合创始人对自己非常有信心，连一些大型竞争对手靠规模更大的团队都无法完成的任务，他们依然相信自己能独立完成。这种独立精神严重影响了他们开展谈判时的行事作风。他们自己做准备（而没有征求背后智囊团的意见），错误地解读了自己不熟悉的信号，他们种种选择反映出了两人的经验不足。他们没有意识到，谈判需要团队合作，应该学会向经验更丰富的人多请教。

6. 创业者执着于讨价还价

帕特尔认为他的谈判重点只有一个，就是债务的偿还问题，因为董事会就是这么告诉他的。他最初采取的强硬态度说明，他的确打算坚持讨价还价的谈判模式。他没有考虑其他很多关键性的影响因素，也没有想到双方可以创造更多的价值。最后，这种策略导致他两方面的谈判都以失败告终。

7. 创业者过于依赖直觉

瓦贝尔打算进军一个自己不熟悉的市场领域，但是他制定决策时完全依赖于以往的成功经验和自己的直觉。他没有自己的一套谈判实践理论作为指导。他的新客户想要免费获得很多的产品，这是对方一贯的做法。最终，瓦贝尔只能被迫放弃公司进入新（获利前景很大的）市场的计划。除此之外，他也没有付出足够的精力从这次的错误中吸取教训。

8. 创业者否认自己的情绪反应

克劳勒达特和汉森没有认识到情绪和自我意识在商业谈判中的重要作用。他们认为谈判另一方表现出了其本性的贪婪，并为此感到非常吃惊。这是因为，他们低估了人际关系中

第 4 章
痛定思痛：企业家谈失误

情绪交流的重要作用，错误地理解了对方的想法。很明显，他们受到自我实现意识的影响而产生了认知偏差。他们那一次的退出计划失败了，并且为应付双方的诉讼浪费了大量资源。

我们通过本章举出的几个案例实实在在地证明，商业谈判中所犯的严重错误，无论发生在企业成长的哪一个阶段，都有可能对一家公司产生毁灭性的影响。创业者不可能不参加谈判，他们不仅要和客户、投资方、员工及代理进行谈判，还要跟其他更多的局外人、更多的支持者、更多的内部参与者和更多的合作伙伴进行谈判，并且不断建立新的合作关系和维护现有的合作关系。创业者应该在企业发展的过程中一点点地成长和学习。只有坚持学习，提高自己的谈判能力，创业者才能运用已有的理论知识获得更大的收益。下一章，我们将介绍创业者在提高个人能力的过程中，需要培养哪些习惯和掌握哪些工具。

第 5 章
重塑创业宇宙：预防、发现和应对你的错误
CHAPTER 5

第 5 章
重塑创业宇宙：预防、发现和应对你的错误

创业是一个不断谈判的过程

每一位成功的创业者都需要以一种能反映其价值、优先级及偏好的方式处理谈判。这包括在谈判开始前认真严谨地做准备、在谈判桌上应对面对面的互动（包括创造和分配价值），以及处理"谈判桌以外的"压力（包括双方智囊团的建议）。他们还需要在每次谈判结束后严格按照约定执行（例如完成待办事项、维护关系以及反思经验教训）。如果他们能正确地做到这些，就可以预防出错、在即将出错时及时地发现错误，并且在出错时做出合理的应对。图 5-1 的前三个图标分别代表上面的三个动作，并且罗马神话中的两面神形象代表反思——同时面对过去和未来。

图 5-1 预防、发现、应对、反思

根据图 5-2 的描述，在每次谈判结束后反思经验教训，这一点非常重要。这包括如实地总结有效的方法和无效的方法，并且认真思考未来应该采取哪些新的措施。反思错误有助于总结经验教训。

预防 → 反思 → 发现和应对 →（循环）

图 5-2 创业谈判闭环

随着时间的推移，创业者需要更好地察觉自己的错误，这样才能在即将犯同样的错误时阻止自己。从预防出错，到犯错时发现错误，最后反思经验教训，这三个步骤构成了我们所称的创业谈判闭环。

清单 3 所示的简单步骤可以帮助我们将以下两个方面结合起来：对双方有利且能解决问题的谈判方法的关键要素，以及预防措施、发现错误的起因、谈判中的发现以及谈判后的反思。

清单 3　使用创业谈判闭环

预防

明确自己和他人的利益

评估机会和风险

预测可能出现的错误

寻找更多信息

第 5 章
重塑创业宇宙：预防、发现和应对你的错误

考虑行动步骤

消除障碍

确定创造价值的最佳方法

模拟场景

发现和应对

欣然接受意料之外的情况

避免过度戒备的反应

考虑不同的解释

与他人一起测试各种观点

表现出最大的灵活性

适时调整

缓解紧张

考虑道歉

反思

审视影响

记录错误和隔阂

考虑再次接触

总结学到的经验

修正自己的实践理论

考虑调整组织激励机制和组织控制

致力于创造更大的价值

分享自己学到的东西

双赢谈判

与不同类型的参与者谈判

正如我们在第 3 章提到的，每一位创业者在创业过程的各个阶段都需要与各种不同类型的参与者进行谈判，包括外部支持者、内部支持者、内部前线人员和局外人。在与以上类型的参与者谈判时，有可能出现不同的错误。

外部支持者：这是对公司有一定表决权的群体。董事会有权罢免董事长，并且有权调整所有高管的薪酬水平。年度预算和临时经费都需要董事会的审批。一些决策（例如是否接受新的融资）需要所有股东签名同意。有些投资人和董事会成员可能经验丰富，而有些投资人和董事会成员对公司的了解则远远不如创始人或高管。外部支持者不总是有时间关注所有细节（因为有些董事会成员可能是全职人员，有些则可能在多个董事会任职）。在公司的各个发展阶段，外部支持者的角色和权限将不断发生变化：当公司还处于设想阶段时，不存在外部支持者，此时，创始人控制董事会 100% 的表决权和 100% 的股份。接下来，作为获得投资人资金的交换条件，创始人需要放弃部分表决权和/或董事会席位。例如，一位最初的投资人（家人/朋友）提供资金支持后，作为交换，该投资人可获得 30% 的股份和/或一个董事会席位，而在其后提供资金支持（数额相同的资金）的天使投资人也许只能获得 10% 的股份，且无法获得董事会席位。

第 5 章
重塑创业宇宙：预防、发现和应对你的错误

两位联合创始人可能会任命自己为董事会成员，并且指定一位可信的顾问作为第三位董事会成员。后续提供资金支持的天使投资人也许只能获得股份，而没有董事会表决权。随着公司的发展，通常在公司获得融资后，创始人也许能保留对多数表决权的控制，因为董事会成员可能包括联合创始人或对创始人忠诚的天使投资人。最终，通常在经过多轮融资后，董事会的多数成员很可能是专业投资人和行业专家，他们只对公司的财务状况负责，而不是对创始人负责。这种不断变化的控制模式往往是导致紧张局面的根源。在法伦与费尔南多的故事以及克劳勒达特和汉森的真实故事中，我们都看到了这一点。当公司处于创始人掌握多数表决权的阶段时，克劳勒达特和汉森被解聘了。在他们后来的公司中，当创始人不再掌握多数表决权时，他们有了更好的体验。

与外部支持者打交道时犯的典型错误，往往由创始人以自我为中心的观点以及在权限及自主权方面的分歧导致。在上述情况下，也可能产生强烈的情绪，对地位和赞赏的关注通常是导致这些情绪的原因。

我们看到了与外部支持者的关系有多重要，我们也看到，在和外部支持者打交道时犯错将付出多大的代价。拉纳德错过了一位实力雄厚的外部支持者可能提供的附加价值。因为缺乏充分的对话沟通，帕特尔和瓦贝尔为了执行外部支持者的指令，浪费了宝贵的时间和资源。最糟糕的是，克劳勒达特和汉森的紧张关系导致了可怕的法律冲突。这样的错误甚至可能导致公司倒闭。

双赢谈判

内部支持者：内部支持者的独特之处在于他们都向创始人/首席执行官汇报，且他们的工作、薪资、奖金和业绩评估都取决于创始人。初期，创始人需要亲自招聘和管理所有员工，创始人往往无法确保未来的确定性或回报。一些早期员工最终在创始人的创业宇宙扮演了新的角色（比如成为董事会成员或获得特别的联合创始人股份）。老板与员工的关系失衡可能导致那些必须与创始人亲密合作的人感到困惑（事实上，许多创始人将他们的员工当作"家人"，并且与员工建立亲密的友谊）。在这些情况下，造成紧张局面的一个重要原因是没有明确说明角色和责任。这可能导致对联合创始人的定义产生错误的判断（例如角色、头衔和/或股权所有权），马克·扎克伯格（Mark Zuckerberg）和文克莱沃斯（Winklevoss）双胞胎兄弟关于脸书归属权的著名诉讼案就是一个典型的例子。最近的一起性质相似的诉讼案也是如此，这起诉讼案最终导致色拉布（Snapchat）的两位创始人反目。

在创业的初始阶段，创始人兼首席执行官通常是唯一的决策者，因此被认为是有远见和有权威的人物。随着公司的发展，在公司生命周期的后期，员工继续"仰望"创始人/首席执行官。一些早期团队成员（他们已习惯与创始人紧密合作）可能发现自己已远离组织架构的核心，并且需要遵守新的公司规章和政策。首席执行官需要不断地"说服"每一个与他们打交道的人相信公司的愿景和战略。他们需要持续获得为他们工作的人的信任。

尤其是在频频出现突发状况的初创公司，许多员工常常

第 5 章
重塑创业宇宙：预防、发现和应对你的错误

压抑自己的情绪（他们的想法是"在团队的这个关键时刻，不适合提个人的问题"），他们不会向创始人提出真实的反馈意见（因为他们担心大胆直言会带来风险），或者他们会放任紧张局面恶化到不可挽回的地步（"你为什么要辞职？你应该早点告诉我"）。为了确保双方进行正确的沟通，首席执行官应该坚持定期举行反馈会议（通常是以季度或年度评估的形式，在人力资源部门的协助下提前安排，确定时间表，并且提出和收集诚实的反馈）。在这些会议中，赞赏应该是会议议程的一部分。此种会议是重新审视内部支持者不断变化的利益的重要机会。

典型的谈判错误往往对职场关系造成不利的影响，包括讨价还价（围绕薪酬水平等经济问题讨价还价，忽视其他的重要因素）、以自我为中心（忽视他人的利益）、滥用职权（在某种程度上引起敌对的情绪反应）、忽视情绪的重要性，以及逃避有难度的对话，而澄清事实往往需要这些对话（因为这些因素可能引起不适）。

我们看到在虚构的故事中，法伦和费尔南多遇到了这样的挑战。在第 4 章中，我们看到福克斯得罪了她的员工，是因为她不愿意和员工讨论对她来说有难度的招聘问题。

内部前线人员：这个群体包括代表公司和外界打交道的人。许多内部前线人员代表公司参与销售或采购的工作。内部前线人员包括负责洽谈价格和交货事宜的销售人员或采购代表、客户支持代表或质量检验员。通常客户满意度调查结果或产量指标是评估其工作表现的依据。在一些销售和商务拓展项目中，员工扮演的是代理人的角色，他们根据业绩表现获得报酬。一些内部前线人员并非公司员工，而是临时的商业伙伴或承包商，一旦他们与创始人的关系不再符合他们的利益，他们就会离开。但内部前线人员通常情况下也是员工（内部支持者）。我们认为以下两种做法之间存在明显的冲突：将这些人作为非佣金员工对待（那些最有才华的销售人员将因此出走，因为他们希望用自己的杰出表现换取奖励）；完全将他们视为现金激励型员工（疏远那些不希望自己被金钱支配工作的人）。我们将在本章的最后部分深入探讨关于使用代理人的问题。特别是当内部前线人员也是员工时，就需要以一种为所有人创造更多价值的方式平衡这种紧张局面，同时考虑让大家感到自己得到了公平的待遇。

在与内部前线人员打交道时出现的典型错误与以下因素有关：忽视内部前线人员作为员工的角色和他们作为代表的角色（例如涉及自身利益的代理人）之间的差别。在处理这些紧张局面时，如果创始人过度以自我为中心，且忽视赞赏及指责与情绪之间的关系，情况会变得更糟糕。

局外人：这类谈判参与者是创业者必须想办法拉拢的人，因为创业者需要说服他们购买产品、降低报价、提早发货、缩小范围、作为员工加入创业者的开发团队、作为合作方与创业者合作或投资某家企业。这通常涉及新的人际关系，尽管创业者可以在已有的互动基础上建立这些人际关系。在任何情况下，都有可能出现单向或双向的信息不对称。如果你的目标是让对方改变主意，那么你唯一要做的就是说服对方。但更有可能出现的情况是，双方需要进行各种调整才能达成协议。这个过程需要的是谈判，而不是说服。潜在客户可能不了解你的产品规格或产品价格，与此同时，对于潜在客户的需求及资金情况，你可能几乎毫无头绪。因此，你的重点应该是收集双向的信息和建立人际关系。

如果创业者在与局外人打交道时疏于分析对方的利益，或急于达成协议，他们往往会犯错。此外，当谈判参与者过于依赖直觉感知，而不是严密的分析时，他们往往也会犯错。我们在盖斯切特、特威德-肯特、瓦贝尔及博耶与局外人打交道的案例中看到了这样的错误。

每家公司的结构可能各不相同，外部支持者、内部支持者、内部前线人员和局外人的数量也存在很大差别。第4章介绍的创业者的现实案例中，我们看到他们在与创业宇宙的上述参与者打交道时，犯了一些可预见的谈判错误。在本章中，我们将围绕如何预防、发现和应对这些困难提出建议。

在错误发生前预防错误

准备工作是成功谈判的关键之一。如果准备充分，我们实际上是在"预防错误"。正如表 5-1 所示，准备工作表示关注对方或其他各方的利益、机会、风险、障碍和潜在行动，包括那些"谈判桌以外的"利益、机会、风险、障碍和潜在行动。预防还需要预演，在身体和生理上完成理论到实践的过渡。

表 5-1　预防创业谈判错误

预防事项	具体操作步骤
明确自己和他人的利益	·考虑实质内容、关系和环境（智囊团和其他各方） ·分析故事、立场、需求和恐惧
评估机会和风险	·评估可选方案、指标、标准和无交易替代方案 ·确定分销事宜、潜在的交易和潜在的整体方案 ·评估短期和长期的机会及风险，评估实质内容和关系
预测可能出现的错误	·包括查询过往信息，确定所有参与者可能犯的错误 ·列出核心身份、禁忌和不可侵犯的价值的潜在危险
寻找更多信息	·考虑开放的资源、其他各方及请求材料
考虑行动步骤	·考虑不断变化的替代方案、环境、联盟、智囊团和公共认知
消除障碍	·消除适得其反的替代方案、约束条件和限制
确定创造价值的最佳方法	·确定有利的环境、参与者、流程、日程表、计划表、权限…… ·准备可能的论据、辩论和胜利演说
模拟场景	·模拟交流和反应，选择最佳方案

从不同的角度分析

准备工作的第一步是确定所有相关人员的利益。这包括先了解对方的希望和需求，这是交易的基础，然后在谈判桌上和智囊团及其他各方一起创造价值。拉纳德的案例告诉我们，同时考虑客观的有形利益和无形利益或主观价值，这一点很重要。有时，利益隐藏在一些明确的要求之下，可能需要我们设身处地地思考，并且区分立场和利益。罗杰·费希尔、威廉·尤里和布鲁斯·佩顿在《谈判力》一书中提到，回答"为什么这一点对这个人如此重要？"的问题，是确定利益的一种方法。回顾之前的提案、沟通内容及开放的资源，并且考虑第4章列举的五个核心的情感关注点（感恩、纽带、自决、地位和角色），可以明确潜在的动机。将所有人的利益按顺序列出来，可以避免犯过于以自我为中心的错误。一个好的解决方案应满足相关各方的主要利益，至少要合理地满足他们的主要利益。制定可接受的可选方案，需要针对不同报价准备合理解释，并且参考独立的标准（例如公平标准）。

接下来，我们来看看如果没有达成协议，相关各方无法达成他们的退出方案或最佳替代方案会发生什么情况。如果已经尽量预判对方的退出方案，就应该能确定是否存在某个交易空间或可达成协议空间。双方可在这样的交易空间或可达成协议空间满足他们最重要的利益。

双赢谈判

考虑机会，创造价值

拟议的项目和各方利益清单并不完全等同。每项议事项目可能与多个利益有关，并且有些利益可能与议事项目毫无关系。考虑所有议事项目，并制订可为双方创造价值的交易计划。避免像盖斯切特那样在拟定议事项目时完全以自我为中心，或者像帕特尔那样陷入讨价还价的思维模式。如果围绕某项交易的洽谈涉及多个议事项目，则可以考虑同时解决多个问题。例如，在法伦被要求去见客户的案例中，她的客户表明本次见面的议事项目是"降低明年产品订单的价格"。她可能准备了多个整体方案，而双方对部分项目的价值有不同的看法。对于买方来说，订单量的增加或许代表企业在向买家做出承诺时承担的风险相对较低，同时还能确保法伦获得一笔可观的收益。买家对于常规重复采购商品的单位报价可能会比较高，对于同期发生的非重复性采购工程设计（NRE）商品的报价可能会比较低，而这种非重复性采购工程商品需要企业为其开发新的功能。而这个方面对于法伦来说可能意味着很高的价值。或者卖方已经对运行方面的事项赋予了很高的价值，并且愿意针对提前交付或达成品质标准的结果支付奖金。法伦可能准备了多个议事项目，包括价格、支付条款、订单数量、协议条款、产品功能。联合开发非重复工程的基金、绩效奖金或合作行销奖励。在谈判开始前就准备好多个议事项目，你必然会更加开放、灵活和有创意，并且更有可能避免陷入某个狭隘的关注点。

第 5 章
重塑创业宇宙：预防、发现和应对你的错误

预判可能出现的错误和缺失的信息

充分的准备工作有助于发现可能出现的错误。拉纳德很清楚自己的竞争倾向，特威德-肯特也知道自己不喜欢讨价还价。克劳勒达特和汉森知道他们的战略投资人对控制权的诉求，也深知战略投资人在专业知识方面的不足。他们都应该特别注意这些倾向可能导致的错误。还有一个需要避免的错误是对对方做出错误的假设。谨慎对待否定性证据，这一点很重要。先假设一些与对方的核心身份及不可侵犯的价值有关的敏感问题（这些可能引起强烈的反应或僵局），以此预测危险领域；与此同时，在可能根据未经证实的假设采取行动之前，务必保持谨慎。开放的资源可以帮助你找到更多信息，和曾与你的谈判对手进行过谈判的人交谈，也能获得更多信息。

考虑流程设计组件及行动策略

准备和预防工作的下一个阶段，与你在正式谈判开始之前必须在谈判桌外做出的选择或采取的行动有关。成功的谈判者深知，一些行动措施可以创造价值、消除障碍和预防很多典型错误。例如，智慧的谈判者会在谈判开始之前设法改进他们的退出机制，就像福克斯的案例——在开始面对面的面试之前为自己制定一个更好的智囊团工作流程，并且同时考虑几位候选人。如果帕特尔不将他的下一轮融资与围绕承包生产商欠款问题的重新谈判关联在一起，从而创造更有利的局面，他也许会更有创造性，并且摆脱讨价还价的思维倾向。谈判桌以外的影响因素可包括你的智囊团、对对方有影响力的人（例如对方的智囊团或联盟）以及外部环境（例如公众的看法、政府的支持以及可能受影响的各方决定扮演的角色）。

在完成谈判前分析和厘清潜在的行动措施后，就可以决定创造价值和明确创业宇宙价值的最佳方式了。我们的建议是，设计有清晰标注和明确目标的流程设计组件，并且对它们进行排序。排序的目的是尽量实现能合作解决问题的谈判，并且尽量避免出现可预测的错误。例如，为了避免出现以自我为中心的错误，可以准备一个名为"倾听"的流程设计组件。这个组件的主要目的是通过积极的倾听，以开放的心态看待对方的利益、观点、约束和优先级，从而加深对对方的理解。再例如，为了避免陷入讨价还价的思维陷阱，可以首先探讨如何创造价值（这是共同解决问题），而不是替代方案（这可能被视为威胁），从而创造积极的环境和动态。在采取竞争性价值分配措施（结束交易）前，创造一个包含合作性价值创造环节的流程（用互利互惠的方法进行头脑风暴）。正如特威德-肯特示范的那样，准备好谈判的方法以及谈判的基本原则。在任何谈判中，你都需要对方的认同，所以要做好解释的准备：每个流程设计组件的目的，以及遵循此类流程可给双方带来的好处。

在继续下面的内容之前，我们先来介绍流程设计是如何

第 5 章
重塑创业宇宙：预防、发现和应对你的错误

预防可预测的错误的。我们再来看看福克斯的招聘谈判，以及她不愿过早妥协的想法。她可以为她的谈判设计以下流程设计组件：建立和谐关系（闲聊）；宣传公司的愿景（用两分钟进行公司宣传）；聆听候选人的自我介绍；调查候选人的资质；探讨一个挖掘合适人才的流程；分析候选人的利益；讨论暂定的聘用合同条款；讨论接下来的流程步骤。福克斯可通过明确每一个流程设计组件的目的，设计组件之间的过渡方法（在既定的时间限制中过渡），确保获得自己需要的信息，并能规避自己可能会犯的错误。其中一些流程设计组件可能看起来很简单，但我们还是要详细介绍一下：

- 福克斯将考虑她的谈判是寻找合适人选的过程，这属于智囊团流程设计组件，她将在这道流程中考虑智囊团的压力和意见。她准备和候选人讨论管理团队的积极合作可给双方带来的好处，以及他们可以通过什么样的流程验证这一点。她还会考虑起草一份胜利演说，以此向她自己、管理团队以及董事会说明，她达成的协议对于公司来说是有利的（或者是非常重要的）。

- 福克斯可准备多种可能的整体方案和论据，以支持她根据自己的长处提出的建议（或想法）——通常是有合理解释的建议或想法。关于与候选人谈论聘用合同条款（围绕薪酬、职位和股权）的方面，福克斯可完成声明价值流程设计，并在此过程中确定她的保留价值、目标、可能出现的各种转折点，以及她可能使用的各种规范和标准。这样一来，她就不会在设定合理但激进的目标时有所顾虑。

- 请注意，福克斯在讨论暂定的聘用合同条款时有一个流程顺序选择。她可能在先前的流程设计组件中了解更多信息后，再做出真正的决定。然后，根据她对双方的最佳替代方案（她和候选人的最佳替代方案）和标准（行业标准、可比公司的薪酬标准及职位）的信心程度，并且根据她对候选人能力的分析，福克斯将评估是先给工作机会（在她有了更多的了解后），还是先让他们离开，待她更好地了解他们的想法后再做决定。

- 在准备的过程中，福克斯考虑了哪些因素将为她创造更好的谈判环境。她考虑了第一次（以及后续）会议的环境、流程设计组件、参与者、提议的议事项目、时间表和目标。其中一些因素是她可以控制的（主要是在招聘工作中），而其他人可能对另一些因素的控制更多（例如她尝试与某家大型制药公司洽谈商业发展合作）。

如表5-2所示，一个有效谈判流程的第一步，应该是双方互相理解并且调整期待，然后尝试共同解决问题，在谈判流程的每个步骤中相互协调。

第5章
重塑创业宇宙：预防、发现和应对你的错误

表5-2 创业谈判的流程设计组件

准备流程选择	流程组件
结盟：通过建立互相协作的环境结盟	**与对方建立关系**：通过连接、聆听、理解和头脑风暴与对方建立关系 **提出可选方案**：提出有创造性的可选方案 **确定标准**：针对行为、指标及公平确定标准和期待
解决问题：通过共同承诺解决问题	**交易**：认同价值观和优先级的差异，进行交易 **解决**：解决分配问题或流程争议 **提供多种方案**：提供整体方案、分析理由并且提供报价 **分析意外情况**：通过想象和假设的方法分析意外情况
再次结盟：再次结盟和协作	**协作**：协作完成接下来的沟通和里程碑事件

在准备流程选择并考虑每个流程组件的目的及结果后，就能够预见到可能的风险，并且防止大多数错误的出现。

模拟场景

一旦完成所有分析，并且选择好行动方案，就可以进行模拟练习或预演了。这样一来，就可以在陈述观点和论据时预见可能发生的情况。理想状况下，你可以邀请几位同事扮演指定的角色，请他们和你共同完成预演。在角色扮演中，你可以听到自己的一些表达，并且感受自己的身体对（虚拟）对手的反应。

再回到福克斯的案例，福克斯本可以尝试几个版本的话术。她本可以留意到那些可导致她或她的听众更紧张的言论，特别是经常导致她犯同样错误的答复。对于福克斯来说，假设对方的模拟角色非常重要，这样她就可以更加了解对方的观点。在经过几次预演后，福克斯就应该知道哪些是不该说的话了。

在犯错时及时发现错误

应注意及时发现和应对错误，这样就能在中途及时纠正。一个错误也许不至于让你失去一切。但无论出现怎样的损害，只要及早发现错误并做出恰当的应对措施，就可以阻止损害的扩大。

我们知道，思维有时会捉弄我们。丹尼尔·卡尼曼（Daniel Kahneman）在他的《思考，快与慢》(*Thinking, Fast and Slow*, 2011）一书中介绍了一些重要的实验，这些实验对相关的人类行为进行了观察和分析。卡尼曼和他的同事阿莫斯·特沃斯基根据心理学家斯坦诺维奇（Stanovish）及韦斯特（West）的早期研究，描述了人类自我的两个不同的部分。"快速思考"部分,被称为系统 1,是快速、自动、轻松运行的部分。当我们使用系统 1 时,我们不会觉得工作很费力。当我们希望"慢速思考"时,自我的系统 2 将被启用。激活系统 2 需要集中注意力,并且往往需要付出很大的努力和进行复杂的计算。为了保存能量(请注意,我们的大脑可消耗 20% 的身体能量),我们的大脑在思考时倾向于回到系统 1,除非我们自己设法转向系统 2。

大多数创业者在做出困难的判断时,会采用普遍方法或经验法则(被称为启发式方法)。重复使用这种方法,并且依赖于这种方法的有效性,可能导致在类似的状况下出现重复错误(称为可预测偏见)。

启发式方法的确有助于我们做出直觉判断。专业工程师在进行运算之前,会无意识地依靠启发式方法对两种设计进行比较,并且"感知"哪种设计更好。在审核调查结果或小组讨论的结果前,当市场营销主管面对三份最有可能成功的"样机"方向时,直觉可为他们提供帮助。可惜类似的直觉并非专业技能的产物。有时直觉被证明是合理的;有时,客观的观察者会清楚地看到创业者犯的错误。如果创业者身边缺少一位没有此类无意识偏见的观察者,他们就需要依靠其他"探测工具"帮助他们避免很有可能出现的错误。

"慢速思考"能让我们看得更全面,并避免依赖错误的启发式方法。创业谈判涉及情感、不确定性、复杂性和人际关系的复杂组合。为了避免犯错,我们必须允许自己放慢速度,允许系统2施展拳脚。有时稍微放慢速度有助于打开重要的新视角。

接下来，我们一起来看看发现错误的三种最常见的探测工具。

第一种探测工具与自我意识有关。你需要预判自己的触发因素，并且在出现突发状况或强烈的情绪时保持判断力。认识你自己，这一点很重要。了解哪些肢体动作和语言表达会让你发怒，并且导致你的身体和情绪出现波动。丹尼尔·戈尔曼（Daniel Goleman）在他的著作《情商实务》（Working with Emotional Intelligence, 1998）中，将自我意识描述为了解我们的内在状态、偏好、资源和直觉。他的研究表明诚实地评估自我有助于提升自信心和工作表现。同样，了解自己的本能反应和偏见的创业者，可更好地利用更有效的反应克服这些本能反应和偏见。

第二种探测工具与态势感知有关。你在谈判中要接收各方传递的信号。你需要读懂各方的肢体语言以及积极倾听。当然，同时关注自己和他人如果你的目的是倾听，那么注意力就应该放在他人（而不是你自己）身上。积极倾听包括重复对方的一些话语和表达（这种方法被称为镜像），或者更好的方法是——用自己的语言复述他们的话语和表达。另外，你要在口头上认同对方的一些情绪（在强调他们的情绪时，表达你的理解和共情）。加里·弗里德曼（Gary Friedman）和杰克·希姆尔斯坦（Jack Himmelstein）在两人的著作《挑战性冲突》

(*Challenging Conflict*, 2008）中将它称为"循环"。循环的真正作用在于双方通力合作,力求让听者理解说话人的观点。通过加深对他人的发言及想法的理解,我们可以更好地觉察到自己的错误对他们的影响,或者更好的效果是——在即将出现错误前阻止错误。

第三种探测工具与人际关系的动态变化有关。这种工具可以确保你在动态地追踪事件。在第 4 章的真实案例中,我们看到盖斯切特面对批评时的反应以及福克斯面对沉默时的自我对话。这些都是交流模式。在人际关系的动态变化方面,有一些典型模式是适用于谈判双方的。在某些情况下,个人会采取应对式的谈判风格或角色。此时的他们可能比平时更好胜、更倾向于避免冲突、更容易妥协或更平静。当谈判者采取竞争姿态时,无论触发此种姿态的原因是对方的行为还是战略目的,谈判者此时会更坚持他们的需求和要求。这可能包括发出威胁信号。更倾向于避免冲突的风格则完全不同——他们会尽量避免挑衅行为,并且希望问题能自行解决,且不会伤害到任何人的感情。如果选择更容易妥协的风格,谈判者会寻找一个中间立场,由此从谈判的紧张气氛中抽离,并且投入更多情感,探索更多可选方案("我们就以一种让双方都不开心的方式解决问题吧")。如果谈判者扮演的是劝解人的角色,他会非常关注应如何维护人际关系和保持谈判的正常进行,因此也会考虑是否要因为害怕冒犯对方或害怕谈判终止而压缩自己的利益。甚至在同一次谈判中,谈判双方也可能发生很大的变化。两位熟悉彼此的联合创始人一开始会避免冲突，或者主要考虑两人的关系，但他们最终会采取终极对抗或竞争的姿态。通过学习如何识别这些不同的角色，以及产生这些角色的先兆和诱因，我们就能避免陷入谈判失控的困境。

我们可以采用多种方法识别那些可能造成不良谈判后果的行为，此类行为有可能导致双方反馈进入恶性循环，造成情况的不断恶化。科恩（Coan）和戈特曼曾使用一种编码系统区分批评行为、轻视行为和防御行为（2007）。批评行为包括攻击他人，而不是攻击这个人的想法或行为（例如，"这都是你的错""你总是……""你这个叛徒，我曾经那样相信你……""这只是你操纵的一部分"）。轻视行为表现为一种伤害的意图，再加上愤怒或憎恶的情绪。轻视行为包括辱骂、嘲讽等（通过语言、模仿、面部表情或肢体语言）。防御行为通常是在面对批评和轻视行为时做出的应对。防御行为包括拒绝被指责、否认责任、寻找借口、不赞同他人关于不良意图的断言。

训练自己识别这些造成不良谈判后果行为（口头和非口头）的初始诱因，就可以更好地避开"邀约"，避免陷入可破坏信任的螺旋式下降。还记得盖斯切特是如何识别自己的防御性探测工具的吗？（他的方法是说"但是"）。然后，盖斯切特会使用这一探测工具暂停对话，然后开启一种更周全的回应：转换为更有求知欲的态度，并且避免批评—防御的螺旋式下降。

第 5 章
重塑创业宇宙：预防、发现和应对你的错误

我们介绍了可用来识别即将发生的错误的几种探测工具，接下来，我们将通过表 5-3 说明，在发现此类错误时，我们应当如何应对。

表 5-3 发现和应对创业谈判错误

应对之法	具体操作步骤
欣然接受意料之外的情况	·做好准备，保持好奇心 ·留心观察：你自己、你的同伴以及周围情况的变化 ·倾听交流的信息和模式：口头、非口头以及沉默
避免过度戒备的反应	·保持观点、目标、沉着、诚实和信任 ·必要时暂停或者休息，以保持用系统 2 进行思考
考虑不同的解释	·暂停判断和批评 ·了解意图、影响和压力
与他人一起测试各种观点	·与团队、智囊团、专家、中立者以及共同进行实情调查的团队确认
表现出最大的灵活性	·通过头脑风暴讨论意外情况和多种方案 ·用"是的，而且……"句式进行即兴发挥
适时调整	·调整环境、参与者、流程、议事项目、时间表、权限和分析 ·在做出决定前咨询（智囊团）利益相关者
缓解紧张	·对个人地位与自决表示尊重 ·解释原因和意图 ·允许暂停和频繁总结
考虑道歉	·真诚而耐心地道歉，等待对方消化 ·在获得许可的情况下重来一次

如果可以的话，可以提前设置好你的探测工具。寻找危险信号和警示信号，然后调整谈判策略或暂时离开。威廉·尤里在他的《无法说"不"》（*Getting Past No*, 1991）一书中，描述了典型的反生产行为倾向，包括反击、屈服或退出艰难的谈判。作为替代选择，他建议"去露台休息"，也就是不要立即做出反应，将你的情绪反应和客观看待事物的能力分开。尽管你有自己的强烈感受，但这样的方法能帮助你从当下的境况中退出来。你可以将中途的调整看作"发现和应对"。这样可以带来更多有益的举措。

欣然接受意料之外的情况

我们建议，在每次开始谈判时提醒自己接受意料之外的情况，以防止出现以下错误：过于以自我为中心，或过于乐观地判断对方达成协议的可能性。要做到接受意料之外的情况，你需要以开放、好奇的心态面对对方，并且准备好应对他们的行动与你的最初预期不同的情况。你的探测工具（如上文所述）将帮助你在意料之外的情况发生前识别它们。积极倾听有助于收集新信息和预判意料之外的情况。这些新信息对于达成符合双方利益的协议至关重要。努力建立融洽的关系，可提高获得积极结果的可能性。罗伯特·西奥迪尼（Robert Cialdini）在他的《影响力》（*Influence*, 2006）中谈到了互惠原则：如果你以积极的方式对待他人，他们就更有可能给予回报；如果你采用一种消极的互动方式或者纯粹的竞争模式，对方就有可能以相同的方式给出回应。

当出现由文化差异造成的障碍时，会很难以开放的心态倾听和观察。刘（Liu）、蔡（Chua）和斯塔尔（Stahl）开展了一项关于中美谈判者的模拟实验（2010），他们公布的研究结果表明，与来自同一种文化的谈判者相比，来自不同文化的谈判者更有可能获得更糟糕的谈判结果。导致这种结果的部分原因可能是我们前面提到的关联性。在国际范围内（有时甚至是在某国范围内），不同的文化可能会采用不同的语言（或方言）、价值观、习俗、规则、货币体系及法律体系。其中的挑战在于如何消除这些差异，并且找到连接这些差异的方法。优秀的谈判者会尽可能地了解谈判对手的文化背景，并且准备好面对意料之外的情况。一位沙特阿拉伯的创业者早期在英国接受过教育，后来去了美国上大学，然后又在中国工作，最后回到沙特阿拉伯工作。在这样的情况下，他可能会根据谈判对手的不同而使用不同的语言风格、手势和隐喻方式。在某些文化中，在谈判中表达个人的感受是非常合理的，但在其他文化中，情绪往往会被压抑。有些文化更直接，有些文化则认为同样直接的言行是无礼的。不要只听对方的字面意思，还要自己体会这些话语隐含的意思。当然，尽管人们存在文化差异，但也存在共识。我们既要承认人们的文化背景差异，也不能否认他们的共识。

对方可能传递出乎你意料的信息或做出出乎你意料的行

为，而克服这些信息和行为给你带来的挫败感是一项复杂的任务。保持开放的思想和开放的心态，这才是关键。

坚决的回应和多种解释

更好胜和更急切的创业者会冒险做出本能反应，而这种本能反应有可能引起质疑。迅速妥协的创业者可能会触发对方的激进行为，并且受到这种激进行为的不利影响。

在谈判的每个环节保持开放的视角和明确的目标，有助于避免出现过度戒备的反应和触发不必要的过激行为。当对方进入竞争模式并且抛出一个具有挑衅性的锚定时，不要理会这些，而要考虑放弃一个反向的锚定。这里需要注意区分锚定和真实报价的区别。锚定是一个假定的数字，提出锚定是为了影响对方的想法，真实报价则是一个精确的承诺，并且由来自独立机构的信息或论据作为支撑。锚定利用了人类的弱点。多本著作均提到过卡尼曼和特沃斯基的著名锚定实验，例如《思维的发现》(*The Undoing Project*, 2017)。在锚定实验中，参与者需要针对一个问题（非洲国家在联合国所占席位的比例是多少？）进行有根据的推测，最终的推测结果却受到了一个随机生成的数字的影响！除非我们做好了充分的准备并且有清醒的自我意识，否则我们看待新状况的方式很容易被他人左右。

在面对意料之外的报价（对方以一种带有挑衅性的姿态提出的报价）时，注意不要动摇，也不要以同样有挑衅性的姿

第5章
重塑创业宇宙：预防、发现和应对你的错误

态立即回击（尽管以具有挑衅性的方式回应是一种自然的竞争本能，但它有可能让你陷入讨价还价的旋涡）。保持冷静，尝试通过提供替代方案和可以支持该方案的合理解释，重新构建眼前的状况。不要太容易妥协。也不要失去信心，就好像已不存在可达成协议空间，或者好像你一开始就在自己的保留价值周围试探。对整个流程保持信心和耐心。不要急于接受任何报价，也不要立即做出让步。同样地，为了避免触发对方的情绪，当对方提出对你很有利的报价时，一定不要表现得太高兴。

当你被指责有不当行为，或者当你听到对方表示你所知道的事实不真实时，你有可能产生另一种过度戒备的反应。随着谈判的展开，你的内心会不断地和你进行对话。内心的"声音"可能会同时告诉你几件事。这些"声音"可能会告诉你应该如何应对（"告诉她，她错了"），或者会传达它们对对方的评判（"这是个大骗子"）。它们可能会表达情绪或反馈身体状况（"这房间太冷了"）；它们可能会提出自我批评（"我还不够专注，我不是一个好的倾听者"）。最后，它们可能建议下一步的行动（"作为回击，我应该调高价格，但我应该调多高呢"）。

在面对语气或力度的变化时（例如一个出人意料的举动，这个举动与预期的"让步模式"或预期的"公平"标准不同），请重新审视你对他们的利益的理解，以及你对双方交易失败后的替代方案和智囊团压力的设想。分析从你开始准备工作以来是否出现了你不清楚的变化。如果有，那么就需要重新调整目标和预期，并且考虑重新进行规划。

考虑多种视角：即使它们之间有冲突

谈判是一个复杂的过程，涉及多个动态的部分和不断变化的关系。我们在前文提到过，许多创业者会犯单打独斗的错误。因为所有人都可能存在偏见，因此所有人的视角被限制在他们的感知范围内。请注意，不要被自己的认知偏见蒙蔽（也就是说，只看到想看到的，而看不到想忽略的）。同伴的眼睛和耳朵可获得双倍的信息，并且拓宽你的视野。

尝试邀请一位团队成员和你并肩作战，在休息时间和谈判间隙和他交谈，这样有助于证实你自己的理解。你还可以根据这位团队成员的专业能力，允许他在发现你忽略的重要事项时给你递纸条、申请休息或加入谈判。

不要认为最佳替代方案、可选方案、时间表、成本等因素在谈判期间，特别是在谈判间隙，能保持一成不变。经常和他人沟通，了解自你的上一轮准备工作以来是否出现了新的进展。当你从一个全新的角度分析时，对方呈现的部分信息或想法对你来说可能又意味着不同的意义。一定要避免在没有咨询专家的情况下匆忙达成协议（例如，请律师确认对方提出的法律文件的措辞）。如果你担心某个行为可能激怒对方，或者很可能导致你犯错，那么一定记得要咨询你的同事、专家或智囊团。

表现出最大的灵活性

如前面的章节所述，想法狭隘的创业者很可能错过创造价值的机会，而喜欢讨价还价的创业者正是受到了这些狭隘想法的影响。当你发现自己过于专注某件事情，或者发现你在某个问题上陷入了一场拉锯战时，试着切换到解决问题的模式，寻找可能创造价值的交易。

对此，我们建议通过头脑风暴提出更多可选方案。有两个简单的基本法则可供参考：不要评判所提出的内容的质量（在头脑风暴中）；不要担心归因。不评判的意思是，当一个人提出某个想法时，其他人在那个时刻都不应该评判该想法的好坏（在即兴戏剧表演中，这被称为"是的，而且……"回应技巧）。记住，一个不完整、糟糕或荒谬的想法都可能造就一个更好的想法，但前提是没有人立即否认这个不完整、糟糕或荒谬的想法。"没有归因"的意思是，不应当立即将某个想法归因于提出这个想法的人。最好一开始就没人想到这个想法的"所有权"。这样一来，真正的提出者就不必为自己的提议解释（这可能导致他们不再愿意听取其他想法）。我们还可以通过头脑风暴提出如何改变我们的工作方式，而不仅仅是实质性的想法。

在产生尽可能多的可选方案后，将每个可选方案作为整体方案的一部分进行考虑。为了达成协议，我们需要找到一个双方都接受的整体方案。谈判各方不太可能接受整体方案的所有内容，但这样的处理方式总比什么都不做要好。

创业最大的风险之一，是我们在预测找到市场的可能性时，必然会出现一定的不确定性。但这种不确定性也可能创造价值。不同的风险偏好提供了可为双方创造价值的交易机会。附加协议有助于应对关于风险的不同态度以及关于未来的不同预测："如果第二阶段在6个月内成功完成，我们将追加500万美元的投资，且估值为当前估值的两倍。"附加协议还可以确保协议的自行实施（"如果公司没有达到附件A约定的保守预计，优先投资者将有权要求创始人辞去首席执行官的职位，且不需要多数董事会成员或股东投票表决"）。附加协议还可以用来防范外部的不确定性（例如币值波动）或用来触发关于替代性纠纷解决方式的约定（"如果产品不符合规格要求，双方将协商降低价格。如果双方无法达成一致，则可邀请下列三位专家决定降价事宜"）。通过采用解决问题的方案和进行头脑风暴，谈判者将得出有创造力的可选方案（围绕实质内容、流程和人际关系），并且据此确定且同意最佳的整体方案——这个方案不仅可以开启价值，还能包容双方关于未来的不同看法。

适时调整流程和参与者

在谈判进行到最激烈的时候，最好重新审视你的设想和策略，以认真梳理你在谈判早期了解到的信息。在这里，流程设计方法将派上用场。流程设计方法就是逐个设计组件，具体细节如表 5-2 所示。认真地为每个流程设计组件确定明确的目标，并且在中途进行调整，有助于避免许多创业者因过于依赖直觉而犯错误。

我们经常遇到一些创业者和内部企业家，他们相信只有双方都是友善的人，并且都有纯粹的合作意愿，双方才有可能达成双赢的谈判结果。但事实并非如此。我们认为每一次谈判都可以并且应该同时具备合作性和竞争性，每一位谈判者都应该寻求能够最大程度创造价值且最大程度为其争取价值的交易。即使对手采取了竞争策略，或对手本身就是一个不好相处的人，互惠互利的谈判方法也可以发挥作用。即使谈判双方的信任度很低，我们在前面章节提到的一些方法也可以帮助谈判者取得进展。通常，谈判双方可能觉得彼此不理性或不可信，但如果他们能找到不理性行为背后的原因，他们就会发现，对于对方来说，那些行为其实是非常理性的。尝试挖掘利益和智囊团压力，可以让情况变得更明朗。当然，有时之所以出现明显的非理性行为，是因为对方决定采取强硬的谈判策略。通过提供满足双方利益的多种方案，可以发现相关参与者的实际偏好和优先级。坚持在每次沟通后以书面的形式总结你的报价和对方的反应，这是在向对方发出信号，告知对方你留下了其他人（包括他们的智囊团）都能看到的书面记录。如果他们仍然不好打交道，你可能需要改变应对方式，并且在流程中做出调整。

双赢谈判

我们来看几个真实的案例，看看这一切是如何发生的。当博耶收到一份"要么接受，要么离开"的工作邀请时，意味着他将面临一场艰难的谈判，这个谈判可能导致具有螺旋式下降影响的讨价还价模式。他原本可以采取"改变规则"的方法进行反击，尝试围绕利益展开讨论；或者，作为反击，他可以提出多个等效的同时要约，目的是将对方拉进交易空间。另一个例子的主人公是拉纳德。因为拉纳德和他的潜在投资人之间的交易涉及拍卖。一些相关的风险投资人可能会联合起来，采取"重新定义游戏和改变流程"的方式，并且向拉纳德解释说参与拍卖有可能破坏他与风险投资人的关系。

在某些情况下，在尝试调整流程后，可能还有必要调整相关的人员：增加参与者、取消参与者、替换其中一位谈判人员或替换双方的谈判人员。你可以带一个人参加谈判，并且要求对方也带上其他合作伙伴或工作人员。在其他情况下，你可能需要走到对方的面前或旁边，以引起其智囊团的注意。例如，帕特尔一开始认为，最适合和承包生产商洽谈协议的人选是他的首席运营官（不那么情绪化）。经过几周的讨价还价，他决定亲自出马，要求与对方的一位更高级别的高管面谈。在经历最初的挫败后，升级处理似乎成功了。双方在"15分钟内"敲定了协议条款。当然，这份协议没有真的生效。帕特尔没有拿到资金。几个月后，他不得不恢复谈判。这一次，因为"帕特尔和承包生产商的关系存在风险"，帕特尔的新投资人建议由其亲自主导谈判工作，于是，帕特尔再次采取了"调整参与者"的措施。

缓解紧张，考虑道歉

无法正确地处理情绪，是创业者犯错的一个主要诱因。我们看到失控的情绪如何导致创业者们出现常见错误。我们也看到否认情绪的作用是一个重大错误。为了发现和应对与情绪有关的错误，我们建议你不断地想办法缓解自己和他人的紧张情绪。

缓解紧张的最佳方法，是从一开始就避免紧张气氛升级。每次谈判开始时，气氛会自然地变得紧张。风险越大，紧张程度越高。为了缓解紧张，你可以视情况通过握手、眼神交流和微笑来表达真诚和热情。在最初的几分钟，缓解紧张的其他方法是分享信息，并且真诚地表现出兴趣、表示尊重、围绕一些细微的基本规则（例如关于姓或名的使用、座位安排等）寻求一致意见。彭特兰（Pentland）、库汉、基尔纳尼（Khilnani）、马丁、伊格尔（Eagle）、卡尼尔（Caneel）及马登（Madan）曾进行一项实验，他们在一次模拟谈判（公司副总裁和中层经理之间的谈判）中使用了社会计量器。他们在实验中发现，通过在前5分钟自动测量的非语言声音信号（"声调"），可以预测客观/主观谈判结果三分之一以上的变化。他们还发现，话轮转换的变化（谁在什么时候说话）与谈判结束后报告的主观价值有很大的关联性（2004）。其他研究表明，相似性，也被称为关联性，是影响个人人际关系的主要因素——个人之间建立融洽关系。融洽关系可以缓解压力，是预测成功关系的最佳工具。随着谈判进行到更困难的话题，优秀的谈判者一定会保持轻松的语气（同时带有适当的严肃态度），与此同时，他们还将尊重对手的自决和地位。

常常被用来缓解压力的其他工具包括讲故事、隐喻和幽默。尤其是幽默，如果使用恰当，它可以帮助我们释放焦虑、猜疑、愤怒等负面情绪，并且为我们创造正确看待事物的空间。我们还可以通过幽默承认当下的不合理言行，此时，双方往往会无意间将自己逼到极端的立场上。但使用幽默时必须保持谨慎。如果对方不理解你的幽默，他们可能会想，你是不是在笑话他们。如果他们感觉自己是被笑话的对象（或者感觉他们被轻视了），这很可能导致情况变得更糟糕。在幽默和严肃意图之间找到恰当的平衡，你将更容易应对不断升级的竞争行为。

故事能传递重要的想法，激发强烈的情绪反应，并且缓解因权力关系或人际关系引起的紧张。故事有助于将所有人的注意力由谈判桌上的紧张气氛转移到故事的紧张情节中。最后，当故事的紧张氛围被瓦解，听故事的人和讲故事的人都会有一种释放压力的感觉。我们的大脑对故事的反应和对真实事件的反应是一样的。

丹尼尔·夏皮罗曾在《不妥协的谈判》（*Negotiating the Nonnegotiable*, 2016）一书中提出建议，产生矛盾的双方可以通过隐喻来了解自己的情绪。事实上，唐纳德·舍恩（Donald Schön）已经证明，最善于解决问题的专家（工程师、建筑师、心理治疗师和城市规划师等）知道的信息往往比他们能用语言表达出来的更多。他在《善与反思的从业者》（*The Reflective Practitioner*, 1984）一书中描述了这些解决问题的专家如何使用有创造性的隐喻确定任务和目标。例如，在围绕一家公司的拆分问题进行谈判时，可以将当下的状况设想为一堆待分配的现金，从而形成一个"分馅饼"的隐喻。这有可能触发一种竞争的心态。讲述一个以"摇钱树"为主题的故事，则可以将关注点转移到一个不能被分割的生物上，但如果将这个生物照顾好，就有可能不断地产生红利。第二种框架隐喻更有可能引导双方围绕如何分担责任和如何在未来分配利润进行合作性讨论。

对于紧张气氛的管理应当被看作谈判过程中不可分割的一部分，特别是智囊团对谈判代理人的要求和谈判代理人在谈判桌上传达的信息之间的矛盾。必须频繁地进行总结性沟通，以确保各方能重新表达他们对谈判的看法，以及在当下已经获得的成果。这样可以减少焦虑，而产生这种焦虑的原因是，不确定当前的状况且感觉自己已被排除在外。必要时可以允许休息或"暂停"。在下一次（或定期进行的）沟通之前，对将要发生的事情设定务实的预期，这也是一个不错的做法。即使没有可报告的新消息，定期和智囊团一起更新信息，并且进行定期的总结性回顾，这一点也非常重要。一开始就应该确定在谈判过程中需要随时向哪些人更新信息，以及在做出决定之前必须向哪些人咨询意见。

如果意识到你的行为伤害了对方，应该立即道歉。引起对方的恐惧、愤怒或怨恨，几乎不会对你产生任何有利的作用。真诚的道歉往往有助于恢复更好的工作环境。道歉是一种社交礼仪，目的是向被冒犯的一方表示尊重和共情。尽管错误已无法挽回，但道歉可以帮助对方继续往前走。这与某个人的情绪被激发的情况相反。威特弗利特（Witvliet）、沃辛顿（Worthington）、鲁特（Root）、萨托（Sato）、路德维格（Ludwig）和埃克斯莱恩（Exline）曾设计过一个关于如何应对"公平和宽恕"的实验（2008）。实验结果表明，接受道歉后，人的心率、呼吸频率、出汗量、面部紧张程度和血压都会有所降低。这是明显的生理效应。

迅速而真诚的道歉表明你愿意对自己的行为负责。对你而言，道歉可以防止你因为伤害了别人或因为犯了错而感到懊悔或羞愧。道歉不是一件容易的事，道歉也是一件谦卑的事。但如果做得恰当，对于一个自信并且理解他人感受的人来说，道歉将体现他的内在力量。同时，即使对方不会立即原谅，道歉也有助于维护个人的人际关系。贝弗莉·恩格尔（Beverly Engel）在她的《道歉的力量》（*The Power of Apology*，2002）一书中提到了道歉的两个重要方面：意图和态度。态度一定要真诚。如果态度不真诚，道歉会听起来毫无诚意，甚至产生适得其反的效果。放慢速度，让你的身体和意图保持一致，这样

第 5 章
重塑创业宇宙：预防、发现和应对你的错误

你的非语言交流才能反映出你的真诚。当你表示后悔并愿意承担责任和提供补救措施时，说话的语气应该发生明显的变化。要先向对方表明你因为伤害了对方感到深深抱歉。即使不是有意伤害对方，你也应该承认你已意识到自己伤害了对方。主动为自己的行为承担责任，在道歉时不要指责其他人或其他事。不要找任何借口。最后，向对方保证你会尽最大努力，确保不再伤害对方，以此弥补伤害并且建立信任。

在创业谈判这样的紧张互动中，真实非常重要。一旦你犯了错误，这一点将变得更加重要。这是考验你品质的时刻，也是为未来的互动奠定基础的时刻。不要对任何一个动向反应过度。亲自到场是真实人际关系的一个非常重要的方面，这是成功道歉的必备环节。如果你在电话、电子邮件或短信息沟通过程中犯了错，尽量亲自和对方见面，或者以一种无限接近当面道歉的方式道歉。

即使你在第一时间道歉了，也不要急于获得结果。对方需要时间才能恢复受到影响的情绪。身体也需要时间恢复，情绪也需要时间才能从恐惧、愤怒和焦虑转换到同情和怜悯。留在现场，注意观察。接受对方的沉默，不要过早地离开。你可能需要再次道歉，因为对方可能没有完全理会或理解你的第一次道歉。关注对方的反应。等待对方发出可以继续的信号。有些错误很小，即使不道歉，对方也会很快从这些错误的伤害中恢复过来。有些错误要求双方冷静下来再继续。在表示道歉和真诚表达希望弥补错误的意愿后，你可能需要想想自己是在讨论哪个议事项目时犯的错,并且重新审视这个议事项目。然后要求"重来一遍"。这是对"发现和应对"措施的终极回应:对方接受"当场"道歉,并且同意恢复谈判。

表 5-4 展示了如何通过表 5-3 所列的发现和应对步骤,避免创业者的常见错误;或者一旦出现这些错误,如何将负面影响降到最低。

表 5-4 在"谈判桌"上发现和应对错误,最大限度地减少错误

发现……错误时	通过……(措施)进行应对
1. 太过以自我为中心	保持好奇心、提前做好准备
2. 过于乐观和自信	观察和倾听
3. 只想马上就赢	避免本能(过度防备)反应
4. 太容易妥协	考虑其他版本的解释
5. 孤军奋战	邀请其他人和其他团队协助
6. 执着于讨价还价	表现出灵活性
7. 过于依赖直觉	有目的地进行调整
8. 否认自己的情绪变化	缓和紧张气氛,考虑道歉

在本书提到的多个案例(从第 1 章介绍的关于法伦和费尔南多的半虚构案例,到后面章节提到的真实案例)中,我们看到了创业者在他们的创业宇宙中如何应对各种创业谈判。我们看到了他们通过提升实时决策的能力和提高判断力,学习如何做得更好。我们还了解了下列能力的重要性:调节自身的反应、发现警示信号、使用系统 2 思考应对措施——以经验教训

第 5 章
重塑创业宇宙：预防、发现和应对你的错误

和预先准备的"发现和应对"措施为基础。创业的过程充满了紧张气氛。在创业过程中，一方或双方都在对他们来说未知的领域经营，因此错误是难免的。在本节内容中，我们探讨了如何通过提升自我意识和态势感知更好地发现错误。我们还讨论了如何缓解紧张气氛，以及在必要的时候道歉，以消除错误造成的影响。

每次谈判结束后对错误进行反思

还好一个错误可能不至于让你"彻底失败"。失败通常是一系列错误的结果。

被发现的一个错误通常是可控的，但如果还有其他没有被发现的错误，或者有错误没有得到正确的应对，则可能导致越来越多的困难。我们的重点是尽量减少已发生的错误造成的影响，并且创造一个环境，尽量将相同错误再次发生的机会降到最低。

谈判结束后的反思工作通常包括两个主要部分。表5-5将对此类反思工作进行详细列举。一方面是对已经发生的特定事件进行反思，目的是针对特定的互动环节进行总结；另一方面是如何利用这个特别的机会总结通用的经验教训，以提高整体的创业谈判水平。

表 5-5　每次谈判结束后对错误进行反思

反思内容	具体操作步骤
审视影响	对实质内容、关系和环境的影响
记录错误和隔阂	·回忆位置、流程和动态
考虑重新接触	考虑是否与对方及合作方重新接触、如何接触以及重新接触的结果 ·放任（等问题出现了再处理） ·澄清、纠正或完成（反复跟进） ·与对方或其他相关方重新谈判（增加事项或重新讨论已有事项）
总结学到的经验	·运作良好，区别实施 ·和同事一起审视、实施、探索和提出不同的选择
修正自己的实践理论	·通用或特定（针对某个案例）的实践理论 ·记录和实践
考虑调整组织激励机制和组织控制	·执行（联合及自己的）进程监测机制、应对意外事件、加强联系
致力于创造更大的价值	·个人和团队
分享自己学到的东西	·和同事或专业人士

审视影响并考虑再次接触

将某场谈判的结果与你对利益、不确定性及风险的预估进行比较。记下预估中正确和错误的地方，然后试着评估一下谈判结果之所以未达到预期，是否和你所犯的谈判错误有关。

第 5 章
重塑创业宇宙：预防、发现和应对你的错误

如果没有达成协议，你能想到可能获得更好结果的备选谈判策略吗？如果达成了协议，但你在总结谈判情况时发现了不可接受或需要修改的条款——你是否需要重新和对方接触，继续完善协议？同时，你还要考虑你的谈判方式对你与所有参与者之间的关系的影响。试着想象一下对方此时对你的评价，他们对你的专业度及可信任度的评价。他们是否愿意在未来继续和你打交道？你有什么突出的优点？他们是否相信你会履行承诺？重新考虑这些与所有参与人员有关的问题，也许是个不错的主意。

达成协议是一种胜利，因为只有各方提前将问题解决，才能最终达成协议。大多数情况下，很多人愿意分享达成理想结果的功劳。一定要向他们表示感谢，并且庆祝大家获得了积极的结果。研究表明我们的大脑和记忆之间存在"负面经验偏差"，也就是说，我们对负面事件的记忆比正面事件更深刻。伊托（Ito）、拉森（Larsen）、史密斯（Smith）和卡乔波（Cacioppo）的研究结果（1998）表明，这种偏差会发生在大脑的分类阶段，并且持续影响我们之后回忆的方式。因此，在每一个负面事件被成功处理后予以庆祝，可以增强个人和组织的信心。

总结学到的经验，修正实践理论

一次交流互动结束后，立即将注意力集中在一到两件运作良好的事情上。向你自己和你的同事描述一项你能熟练运用的技能，或者说出一个你做出的并且产生了积极影响的决定。试着从这次交流互动中总结出一条通用经验。为了实现最好的效果，邀请其他人和你一起思考这个问题。研究表明，对于如何促进我们所说的技能学习，强化好的行为比关注哪里出问题更有效。丹尼尔·卡尼曼在他的诺贝尔奖获奖感言中说，在他的职业生涯中，"最令人满意的经历"是他得以向飞行教官证明表扬比惩罚更有效。用积极的话语开始一段关于"发生了什么"的对话，这种方式还有助于建立一个开放的环境。在围绕谈判这样涉及多个层面的事件进行审视和总结时，需要讨论多个可能发生的事件。经验表明，如果我们一次只关注一个领域，我们提升的能力将得以增强；同时，如果我们一次只关注一项技能，我们提升的动力也会增强。

无论学到了什么新经验，你都应该用这些经验来更新你的个人实践理论。创业者的实践理论应该是一套已经成形的理念，可以帮助创业者将他们研究的东西以及他们从个人经历中学到的东西转化为实践智慧。巴里·施瓦茨（Barry Schwartz）和肯尼思·夏普（Kenneth Sharpe）在他们的著作《实践智慧》（*Practical Wisdom*, 2010）中描述道，实践智慧需要细致入微的思考、灵活性、创造力以及与他人的合作。每一位实践者都需要在不同的社会情境中做出无数策略决策和操作决策。无论实践者是否意识到，每一位实践者都有一个潜在的实践理论。这个实践理论可反映他们的实践认识，并且引导他们采用某些经验法则和原则并遵守某些优先顺序。了解你自己的实践推理，这是表达个人实践理论的起点。一旦能够明确地表达你的个人实践理论，就可以对它进行扩展和细化。

创业者的实践理论包括指导自己如何处理以下问题：如何管理与员工的关系、如何与董事会成员打交道、如何将工作问题和家庭生活区分开、在设法完成一笔交易时应该遵循怎样的优先顺序、哪些危险信号意味着退出交易、应该采取哪些措施激励代理人，以及如何更好地平衡工作与生活。

一旦公司发展壮大，它将开始呈现它自己的特点。很多时候，公司的文化取决于创始人的实践理念。最终，除了重要创始人的实践理念，一家不断发展的公司将产生自己的组织实践理念。组织实践理念和个人实践理念一样，它将不断地发展变化。为了确保最好的结果，创始人/首席执行官应该鼓励和参与反思和修改组织实践理念的工作。

记录实践理念并照此实施

养成认真反思和审视每次谈判结果的习惯，是建立实践理论的关键之一。即使每次审视占用的时间不多，但它可以带来很多好处。建立一种审视和反思的"文化"，这一点很关键。个人实践理念和组织实践理念均适用以上操作。

作为个人，我们每天做的大部分事情都能反映习惯的力量。公司也是如此，这些公司一直在按照惯例进行相同的活动，而没有刻意考虑收益和成本。谈判一结束就将它抛之脑后，这当然是错误的做法。谈判结束时，创业者常常会感到放松（"终于结束了"）或沮丧（"我可以做得更好的"）。在上述两种情况下，创业者都希望立即去做其他事情（计划等谈判完成再做的事情）。但我们看到了在每次谈判后进行审视和学习的重要性。

查尔斯·杜希格（Charles Duhigg）在他的《习惯的力量》（*The Power of Habit*, 2012）一书中介绍了个人或公司培养好习惯和改变坏习惯背后的科学原理。他说每个习惯都由暗示所引导，然后会带来奖赏，而促使我们坚持某个习惯的奖赏并不总是那么明显。例如，他在研究自己克制每天下午买一份饼干的冲动时发现，他的奖赏并不是对肚子饿、喜爱甜食或补充能量等需求的回应。更确切地说，这份奖赏和他想在休息时间进行社交、在自助餐厅见朋友的渴求有关。

你的目标应该是让审视成为一种习惯。要做到这一点，你需要建立一个关于审视的习惯回路：每次已完成（或失败）的谈判就是审视的开始。理想的流程是按照我们描述的方法进行审视。除此之外，你还需要一份奖赏。不应将奖赏和是否达成协议关联在一起，因为不确定性无处不在，而且可能需要很长时间才知道协议到底有多成功。奖励或鼓励在谈判结束时进行审视的人，可以帮助他们养成反思的习惯。应该在完成审视报告后即给予奖赏，或者可以将审视报告作为一项定期活动（周会、每月总结等）。有时，这种奖赏需要包括来自同事、教练或管理者的社会承认。最重要的是，高层管理者——首席执行官应该赞赏他们完成了这项任务。

在建立适当的奖赏模式后，实践理论更新将变成一项自动完成的工作。这往往需要一段时间，而时间的长短可因为人和/或公司的不同而不同。

监督和执行协议

达成协议后，你需要想办法监督协议的执行情况。这可能意味着设置时间表、成功标准、记录失败的方式以及定期重新评估风险和机会。萨斯坎德在《哈佛双赢谈判课》一书中探讨了如何使协议不受未来可预见的情况影响。

很多时候，双方在签署协议后将它放在一边，他们忘记了承诺，对项目的管理也很松散。这往往会导致误解和误会的产生，并且陷入推卸责任的旋涡。事实上，即使已经签署明确的法律协议，但在所有的相关承诺被完全履行之前，创业谈判不算结束。

创业协议的不确定性导致一些承诺可能在这个不断变化的世界失去意义。各方可能一直在认真监督协议的执行情况，然后发现有必要修改协议的部分条款。其中一方（或双方）可能发现自己违反了协议，并且围绕是否履行了某条承诺产生了争议。各方可通过多种方式解决此种争议，包括以解决问题为目的的简单对话，以及更正式的仲裁（按照最初的协议约定）。

双赢谈判

我们认为，如果面对面的协商没有效果，下一步就应该考虑调解，即通过某位专业但无权强制确定解决方案的"中立者"促成双方进行谈判。我们强烈建议将诉讼作为最后的方案，因为它通常预示着工作关系的彻底断裂。在决定谁"对"谁"错"之后，法院会做出有利于其中一方的判决，但法院不会在解决争议的同时维护双方的关系。法院可以决定在某个争议中，哪位联合创始人是过错方，并判决其承担相应金额的损害赔偿。在同样的案例中，调解人可能会尝试帮助双方考虑其他解决方案，而不只是赔偿损失，这样可以使联合创始人继续共同合作，确保公司的成功发展。

面对与执行协议有关的问题，你需要确定一套相关的机制，此时，请认真考虑在必要时实施此种机制的方法。举例来说，你可以在协议中约定，一旦涉嫌违法，相关方必须通知另一方，且双方有义务在具体的时间期限内亲自面谈。如果双方无法达成一致，双方应根据一个明确的方法在另一个具体的时间期限内选择一位调解人，并且支付相应的费用。如果调解失败，双方的协议应明确说明如何就当前事项申请仲裁（强制性或非强制性），并且在指定的争议解决机构的协助下根据具体的规则（例如流程的持续时间、仲裁机构的数量、证据规则、程序和裁决的保密性）进行仲裁。不要想当然地认为所谓的替代性纠纷解决方式的标准约定能帮到你。

第 5 章
重塑创业宇宙：预防、发现和应对你的错误

克服性别偏见和文化差异的挑战

几乎在创业者与我们分享的所有故事中，性别偏见都产生了影响，或者文化差异都带来了挑战；至少这些故事都反映了相关人员内在的价值观、标准和沟通方式。在这些故事中，创业者需要做出决策或者试图建立人际关系，我们采访的这些创业者将他们成功和失败的原因归结于他们处理这些挑战的方式。以下是他们一定会说的一些话：

- 在我成长的环境中，教育体系的竞争非常激烈。
- 高水平的科学家（不应该将）情绪与数据混在一起。
- 我刚开始融资时非常困难，因为我是一名上了年纪的女性，也是第一次作为一名生物学家在一家工程公司担任首席执行官。

在参与谈判时，文化背景和性别总是伴随着你。有时，它们甚至会排在你的前面。人们甚至在见到你之前就对你的价值观和行为做出了预判。遗憾的是，这些预判的根据往往是刻板印象和偏见。产生刻板印象和偏见的原因包括你的性别、职业、你名字的发音、你的国籍和宗教信仰，或者其他人对你的评价。其中一些预判可能是准确的，但还有一些会产生很大的破坏性。有些预判可能带来优势和积极的结果，而其他预判可能导致严重的困难。在当今的创业领域，虽然我们看到了更大的包容性，但偏见仍然非常明显。我们要怎样消除偏见的影响呢？

双赢谈判

我们来看看艾丽斯在采访中是如何描述性别偏见和文化差异给她带来的挑战的：

·常常有人问我，在一个以男性为主导的领域，作为一名女性创业者是怎样的感受。我想在一个理想的世界里是不存在任何差异的，但遗憾的是，我们生活的这个世界就是存在各种差异，包括性别差异、民族差异、种族差异、经济不平等的问题等。

·作为一名女性创业者，我们有时需要面对和我们的性别有关的批评或直接的评价，而且这些声音往往非常粗鲁和令人诧异。但我想我们最终只能控制我们能控制的。所以做自己就好了。走向谈判桌，告诉自己其他人无意识地对我们产生偏见，这不是我们的错。最后，我们不应该仅仅因为对方对你有不同的看法而改变自己……

福克斯也在采访中谈到了性别偏见和文化差异带来的挑战：

·性别显然产生了非常大的影响。女性领导的公司获得的投资极少。成功上市的公司也很少是由女性领导的公司。在风险投资领域，男性占绝对优势。

·但是当我们面对一些有某种倾向的讨论时，我们必须假装它不存在，或者必须理智地看待它。

·我就参加过这样的会议：我是首席执行官，一位男性商务拓展人员陪同我参会，而投资人只和男性进行眼神交流！因此，我要么非常在意这件事，然后说"好吧，我不需要你的投资"，要么像和投资人洽谈其他事宜一样处理这件事，（并且可

第 5 章
重塑创业宇宙：预防、发现和应对你的错误

以考虑）请董事会的某位男性成员和我一起参加。

越来越多的研究表明，在许多商务场景中，男性和女性受到的待遇是不同的。当然也有例外，但整体而言是这样的情况。创业者瓦贝尔（第 4 章提到的创业者）和他的团队对这个问题非常感兴趣。在 4 个月的时间里，他们邀请 100 名员工佩戴社会计量器。他们的目的是跟踪记录参与者的现场行为，包括动作、亲近度、音量和语调。根据观察结果，男性和女性的行为没有出现明显的差异。他们与相同数量的联系人进行沟通，与高层领导相处的时长相同、在线交流及面对面交流的时长也相同。统计结果表明，女性获得了完全相同的得分，但晋升到更高职位的速度仍然不如男性。特班（Turban）、费里曼（Freeman）和瓦贝尔的一项分析（2017）表明，在这家公司，男性和女性的晋升率差异并非由他们的行为导致，而是由他们被对待的方式导致。设法理解女性受到的待遇为什么和男性不同，可能有助于我们更有效地应对性别偏见带来的挑战。深入研究性别也有助于我们更好地了解文化偏见。在其他"少数派"中，与"少数派"偏见有关的性别也属于"外群体"。关于性别偏见的经验也适用于其他文化少数派的情况。

我们来看看创业领域与性别偏见有关的数据。2016 年，风险投资人向创始人全部为男性的公司投资了 582 亿美元，向创始人为女性的公司仅投资了 14.6 亿美元（PitchBook[①]，

[①] PitchBook 是美国硅谷的一家数据研究机构。——译者注

2017）。如此明显的差异主要与两个因素有关：已完成交易量的差别和不同性别的平均交易规模。2016年，女性领导的公司占所有风险投资交易的5%，但女性领导的公司的平均风险投资交易额为450万美元，男性领导的公司的平均风险投资交易额为1090万美元。在美国，女性创业者获得的风险投资额仅占2%。更令人震惊的是，美国全国女性商务委员会（National Women's Business Council）的报告显示，女性创办的企业占美国所有私营企业的三分之一以上，且女性占美国人口的一半（2015）。

值得一提的是，与女性创办的公司相比，由男性和女性共同创办的公司表现会更好，后者获得的投资金额差不多是前者的三倍。然而，与男性创办的公司相比，由男性和女性共同创办的公司获得的投资金额仅占其六分之一。

导致这种明显差异的一个原因是，风险投资领域非常注重社交和了解他人。而且，风险投资领域仍然是一个以男性为主导的生态体系。目前，在排名靠前的风险投资公司中，女性合伙人仅占7%（TechCrunch[①]，2017）。在风险投资公司的合伙人中，女性通常占少数，且高级合伙人大多是男性（高级合伙人的意见通常更有分量）。因此，女性创业者可面临多方面的挑战：先是要找到匹配的公司以及支持她的合作伙伴。然

[①] TechCrunch是美国一家以科技新闻和评论内容为主的网络媒体，并经常提供对创业公司、各种新产品和网站应用的介绍。——译者注

后，进行一次令人信服的"推介演讲"，说服潜在的投资人提供她需要的资金。最后的挑战出现在拿到投资后，那时，经验丰富的投资人提供的持续支持，尤其是他们的建议可能产生很大的影响。在接下来的内容中，我们将分享一些研究项目。这些研究表明，在男性主导的环境中，女性创业者作为少数群体，在以上几个方面遇到的挑战会更大。

风险投资公司通常会关注市场的特定领域（他们还会关注初创公司的特定阶段和特定的地域），而有些领域往往专注于女性专属的话题或女性主导的市场，包括美容、时尚、健康等。有些男性风险投资人对这些话题不太感兴趣，因此也不会投入精力。他们会选择投资和他们有更强情感连接的领域。但我们认为这种性别倾向不能解释一些领域为何对女性领导的公司提供的支持会产生巨大差别，例如医疗设备、软件、制药、电子设备领域等。科技和生命科学初创企业必然专注于科学和工程学，众所周知，这两个领域都不太受女性欢迎。根据美国国家科学基金会（National Science Foundation）发布的《关于科学与工程领域的妇女、少数民族和残疾人的报告》（*Women, Minorities, and Persons with Disabilities in Science and Engineering Digest*），在科学、技术、工程和数学领域，女性员工仅占 25%（2017）。然而，在这 25% 的女性中，得到风险投资人支持的女性创业者只占很小一部分。尽管在此前的二十多年里，获得工程学学位的女性有所增加，该报告还表明，在工程学的各个细分领域，女性的参与度仍然远低于男性。基于这些事实，风险投资人也很难在这些领域找到拥有足够技术背景和多年经验的女性创业者。

布鲁克斯、黄（Huang）、卡尼（Kearney）和默里进行过一项有趣的对比研究，他们分析了美国的三场创业演讲比赛，并且邀请多名创业者进行了两个特殊的实验。在实验中，创业者需要完成五分钟的口头融资演讲，且他们的演讲内容、幻灯片演示文稿、身体姿势及体型均较为相似。研究结果表明，相较于女性创业者的融资演讲，投资人更喜欢男性创业者的融资演讲，且男性创业者在以下项目的得分要高出15%：投资兴趣、事实基础、逻辑性和说服力（有意思的是，有魅力的男性更有说服力，而外表吸引力在女性创业者中并不重要）（2014）。

投资后的支持非常重要。我们和很多创业者聊过，他们的经验是融资谈判的目标之一是建立一种积极的人际关系，而这种关系将促进风险投资公司为创业者的努力加注投资。我们眼前的问题是，分别分析初创公司和风险投资公司的性别构成，是否可以明确地得出投资后的偏差情况。雷纳（Raina）曾进行过这样一项研究，他的数据表明，当一家风险投资公司的员工全是男性时，对于由女性领导的被投资公司，他们的退出率会降低25%到30%，但是当风险投资公司至少有一位女性合伙人时，这种性别差距完全消失（2016）。另一项研究表明，当交易双方都是女性时，结果会更好。麦肯锡公司（McKinsey）研究发现，女性领导的公司要求的资金更少，但提供的回报更高。有女性合伙人的风险投资公司，其投资有女性高管的公司的可能性可提高两倍，其投资女性担任首席执行官的公司的可能性可提高三倍（2015）。

接下来，我们将通过其他研究来看看与男性创业者相比，女性创业者在和潜在投资人谈判时会有什么不同。同时，我们还想看看女性在被他人面试和评判时会有什么不同的待遇。

我们的第一个例子发生在瑞典。这个国家在性别平等，特别是公共部门在性别平等方面的理念是很先进的。在瑞典，大约一半的政府大臣、议会成员和机构负责人是女性。在私营领域，瑞典统计局（Statistics Sweden）的数据显示，超过三分之一的中高层管理人员是女性，但她们获得的政府风险投资仅占15%（2014）。马尔姆斯特伦（Malmstrom）、约翰松（Johansson）及温森特（Wincent）的一项研究表明，风险投资人会偏袒男性创业者，并且对女性创业者产生偏见（2017）。他们观察了瑞典公共部门的风险投资决策，发现在融资决策和他人与其对话的方式方面，女性均处于不利地位。女性的融资需求被拒绝的比例高于男性（分别是53%和38%）。与此同时，即使融资成功，女性实际获得的资金通常比男性更少（女性为申请金额的25%；男性为申请金额的52%）。研究人员证明，客观来说，男性并非更合格。研究中的所有创业者都拥有较高的技能和资历。他们的融资演讲也同样出色。但与性别有关的风险投资偏好导致了不平等的结果和待遇。最有意思的并不只是这些决定，还有那些导致此类结论产生的对话。

研究人员在分析风险投资公司对措辞的使用时发现，男性和女性投资决策者都倾向于依赖刻板印象，认为女性的特质与成功创业者的重要特质是对立的——导致人们对女性创业者的可靠性、信誉度、经验及知识储备产生了怀疑。这显然对女性不利。但在评估男性创业者时，同样是这些风险投资公司，但他们强化了对男性在创业潜力方面的积极假设，他们通常将这些男性描述为果断、勇于创新、能干、经验丰富、知识渊博且拥有广泛人脉的人。这种偏见是无意识的。当男性风险投资人和女性风险投资人被问到这个问题时，他们都坚持认为自己没有区别对待女性创业者和男性创业者的融资申请。

我们的第二个例子来自美国纽约。坎泽（Kanze）、黄、康利（Conley）和希金斯（Higgins）分析了风险投资人和创业者在纽约创业融资大赛中的问答环节（2018）。他们发现，男性和女性创业者被问到的问题并不相同，并且这些问题的差别对每一位创业者获得的资金金额产生了影响。显然，男性比女性更受青睐。向男性创业者提出的所有问题中，三分之二的问题是积极的或者是促进焦点型问题，这些问题强调的是成就、进步、抱负和理想。相反，向女性创业者提出的所有问题中，三分之二的问题是消极的或者是预防焦点型问题，这些问题表达了对安全、责任、保障和警惕性的担忧。

风险投资公司需要更加关注他们的偏见。在此之前，他们需要强调这种框架偏差的重要性，并且想办法克服这种框架偏差。绝大多数创业者（85%）在回答问题时都会考虑提问者

第 5 章
重塑创业宇宙：预防、发现和应对你的错误

的倾向。促进焦点型问题会产生促进焦点型答案，而预防焦点型问题会产生预防焦点型答案。这将强化积极或消极的偏差。男性创业者以正面的方式回答正面的问题，由此加强了他们与令人满意的收益概念之间的关联。女性创业者在回答以预防损失为焦点的问题时，会给出以预防为焦点的答案，她们的思维将被损失的问题限制住。这也将影响她们获得融资的机会。创业者不仅要说服投资人相信他们的钱不会有损失，还要让他们相信这家初创公司将获得巨大的成功，它将成为"全垒打"和"独角兽"，并且实现"可观的回报"！创业者需要尽全力避免负面偏差的产生。应该以强调促进效果的方式回答预防焦点型问题。

在纽约的实验中，有些创业者面对的问题以预防焦点型问题为主，他们给出的答案却以促进焦点型答案为主，他们获得的融资金额（平均 790 万美元）比那些给出预防焦点型回答的创业者（平均 56.3 万美元）多十几倍。

女性创业者获得的资金较少的另一个原因，可能是她们要求的资金金额本来就更小。如果的确如此，这种情况将与下文将提到的企业界的薪酬谈判相类似。薪酬谈判很重要，因为初创公司的创始人兼首席执行官一定会在公司内部与男性及女性员工进行谈判。

职场女性可以像男性一样在谈判中有出色的表现，并且获得和男性同等的结果，但考虑到商业领域根深蒂固的性别刻板印象，作为一种自我保护策略，女性员工有时会降低要求。

研究人员阿曼纳图拉（Amanatullah）和莫里斯（Morris）针对高管薪酬长期存在的性别差异问题进行过一项实验。他们的研究结果表明，当女性代表自己谈判时，她们会表现得不那么果断，因为她们担心自己可能因为太咄咄逼人而被置于不利的位置（2010）。当女性为他人辩护时会表现得更直率和更有魄力，这恰好符合另一种性别刻板印象——女性更愿意保护和关心他人。女性在上述的第二种情况下获得了更好的结果。

莱利·鲍里斯、巴布科克（Babcock）和盖斯切特的一项研究表明，女性和男性都会对要求进行薪资谈判的女性求职者给予不公平的对待（2007）。人们认为要求更高薪资的女性比未提出此种要求的女性更难满足，且更不"友好"。在本项研究中，负责评估的人不太愿意和主动要求进行薪资谈判的女性共事。其他研究也证明了这一点；当谈判者为女性并且处于较低的地位时，这种现象尤其常见。上述研究人员还发现，女性强调自己提出要求的事实依据，可降低其加薪请求遭到反对的可能性。这意味着她们很大程度上需要依靠证据和说服力。举例来说，如果一名女性谈判者先谈她对公司的关注，然后将这种关注作为她提出要求的原因之一，那么她有可能获得更好的结果。这就是鲍里斯和巴布科克所称的"我—我们"谈判策略（2015）。同样地，当一位女性创业者自信满满地和风险投资人谈判时（或者可以扩展为在谈判中处于更低地位的人），如果她时刻记住她并不是在代表自己谈判，而是代表一家公司、一个愿景和现有（及将来）的所有利益相关者谈判，她会获得

第 5 章
重塑创业宇宙：预防、发现和应对你的错误

更好的结果。她可以通过突出自己的谈判能力，进一步赢得风险投资人的信任和尊重。这些表现可以证明，她在以后的谈判中也会做到如此出色，并且在担任首席执行官时，她也会时刻代表风险投资人的利益。在达到这样的效果后，再补充一个巧妙的总结说明，可以减少看起来过于自信的表现可能带来的社会成本，例如这样的表达，"我知道你希望我在未来积极维护你的利益，就像我现在为了我现有的投资人做这些事一样"。

性别刻板印象出现在谈判的各个方面。例如，一个被称为"最后通牒博弈"的实验测试了参与者在分配一块固定的馅饼时表现出来的公平观念。索尔尼克（Solnick）在实验中发现，谈判者分给男性的馅饼比分给女性的更多，同时，他们能接受男性提供的份额少于女性提供的份额（2001）。克赖、肯尼迪（Kennedy）和范·赞特（Van Zant）也发现了一个惊人的刻板印象——"女性在谈判时更容易妥协并且能力更差"，而参与谈判的人由此认为对女性谈判者说谎的风险低于对男性谈判者说谎的风险（2014）。

一个重要的情境因素有助于预测性别是否可能影响谈判且将在何时影响谈判。这个情境因素就是谈判中的不确定性或不明确性的程度，即关于谈判的结构（是否可能达成协议）、行为规范（什么样的行为是恰当的）以及可能面对的谈判者的类型（他们的风格、能力或偏好）的不确定性。鲍里斯、巴布科克和麦金（McGinn）提出了一个可以帮助女性降低不确定性的重要策略，那就是收集更好的主观信息（不仅包括女性的经验，还包括男性的经验），在谈判中明确双方认可的行为规范，并且根据社交场合调整谈判风格（2005）。

当谈判者依靠性别刻板印象进行判断时（如上文所述，不确定性越高，依靠性别刻板印象的可能性越大），性别刻板印象将影响谈判。谈判者可能会完全遵从刻板印象（完全遵从刻板印象的预判），或者以一种反刻板印象的方式应对它们。谈判者和环境会发现自己正在遵从性别刻板印象，或者促使他人遵从性别刻板印象。

知道刻板印象的存在，这可能导致刻板印象对创业者造成威胁。提前了解主要的刻板印象，你的表现可能也会受到影响，但这也是应对刻板印象的影响的关键。

施（Shih）、彼汀斯基（Pittinsky）和安巴迪（Ambady）曾邀请一组亚裔美国女性参加一场数学测试，并且发现测试前的"刻板印象暗示"对测试结果产生了影响。一些女性在测试前被告知女性的成绩一般低于平均水平，然后开始测试；还有一些女性被告知亚洲人的成绩高于平均水平，然后开始测试。结果是，前者的成绩低于后者（1999）。跨文化研究表明，真正影响表现的是常见的文化刻板印象，而不是身份本身（这种刻板印象认为亚洲人的定量技能比其他种族更优秀，而女性的定量技能不如男性）。这些结果在后来的几次实验中得到了验证。其中，有一个研究结果非常令人振奋：在约翰斯（Johns）、施马德（Schmader）和马滕斯（Martens）主导的实验中，女性在开始测试前被告知这些情况，并且被告知她们的身份会影响其测试结果，于是，她们接受了这种影响，并且其测试成绩没有受到刻板印象暗示的影响（2005）。由此，我们可以提出一条有用的建议，而且这条建议和特威德－肯特及福克斯提出的建议是吻合的：当出现性别偏见和文化偏见时，不要回避这些偏见，而是可以"去露台"，从中立的角度看待问题，你将更好地应对随之而来的挑战。正如特威德－肯特所说的，当你意识到文化偏见时，你可以"走向谈判桌，告诉自己其他人对我们产生的偏见是无意识的，这不是我们的错"。

每位创业者各不相同，而吸收不同的观点和风格是一件很有价值的事情。无论这种多样性是否与我们前面提到的性别有关，还是与其他形式的多样性有关，成为"外群体"的挑战是一样的。美国国家卫生基金会（NSF）的报告称，少数族裔在科学和工程领域的参与人数不足（2015），黑人在科学和工程领域所占的比例低于其在美国整体劳动力中所占的比例（分别为5%和12%）。西班牙裔也是同样的情况（分别为6%和16%）。和我们看到的女性现状一样，少数族裔创业者所占的比例远远小于其在整体劳动力中所占的比例，因此少数族裔创业者的数量是很小的。

当少数族裔走进谈判的房间，他们也将面对"刻板印象威胁"，这是根据他们的种族、民族或国籍产生的刻板印象。如果人们在工作环境中感到拘谨，并且害怕通过直接对话来解决刻板印象和偏差问题，那么上述刻板印象威胁带来的挑战性将变得更大。如果没有对话，双方都有可能感到自己受到了不公正的评判或指责；同时，由于他们并没有恶意，他们会产生埃利（Ely）、迈耶森（Meyerson）和戴维森（Davidson）所称的"身份损伤"，这可能导致进一步的缺乏理解、防御、怨恨、两极分化、自我怀疑、猜疑、自我限制的行为或退缩（2006）。在遇到刻板印象威胁时，我们可以通过提高自己的意识和"去露台"提醒自己的方式改善这种状况。

就像福克斯所说：

真的很难。我知道女性进入这个领域有多难，对于有色人种来说更是难上加难。投资人俱乐部的特点是：大家有共同的语言和肢体语言，大家可以一起出去喝一杯，这些不起眼的排他性特点限制了我们的整个行业，也限制了我们能接触的人。在早期投资阶段，他们（风险投资人）主要根据直觉进行投资。他们没有收益或者（已证实的）数据可以参考。他们只有对某位创业者和某个团队的认识和判断。如果（创始人）的文化、性别或肤色是风险投资人不熟悉的，那么风险投资人就没办法对他们进行评估。

解决这个问题的唯一方法是尽量丰富投资人层面的多样性，除非风险投资公司的有限合伙人（风险投资公司自己的投资人）去促成这件事，否则我根本不知道要怎么才能做到这一点。非常复杂……这是一个将长期存在的大问题。

但少数族裔的身份，不一定是导致你在创业统计数据中被低估的原因。事实上，尽管面临着相同的挑战，但有一个群体在创业领域所占的比例远高于他们在总人口中所占的比例。

第 5 章
重塑创业宇宙：预防、发现和应对你的错误

这个群体就是移民。事实证明，在美国，移民在创业领域所占的比例高于他们在总人口中所占的比例。这个事实的确令人振奋，因为我们发现，女性在男性主导的环境中面临的挑战，同样也存在于移民和少数族裔中。他们也在设法"破解创业密码"，并且成功获得风险投资的支持。对于这种"特殊现象"的研究表明，那些决定背井离乡移民到其他国家的人"自行选择了这条道路"，他们更具创业精神，更乐于建立新的人脉，更愿意承担风险并且能更加执着地实现远大的愿景。根据《全球创业观察》（The Global Entrepreneurship Monitor），四个人均创业率最高的国家都是移民国家——它们分别是美国、加拿大、以色列和澳大利亚（2017）。

很多国家和地区都在设法通过激励本地投资人和吸引外来人才的方式鼓励创业。这样的做法实现了更丰富的多样性，一些地方还鼓励移民参与创业。

但愿结构的变化和有序的努力可以使当前的状况得到改善。也希望我们能看到更多的少数族裔和女性成为投资人和被融资方。到那时，每位创业者都必须定期地面对文化挑战。因此，我们也试着总结了一些有用的建议供大家在实践中参考，尤其是当你在谈判中遇到性别、少数族裔和／或地位较低的问题时。虽然我们在接下来的内容中会主要关注性别问题，但其中的许多论点也同样适用其他少数族裔。

和面对其他谈判挑战一样，你需要在谈判会议开始之前做准备。"预审"对方公司或投资人的主营业务或交易规则是不够的（诚然，很多风险投资公司对行业、发展阶段或地域都有严格的要求）。同时研究对方的组织架构和人员构成，及其主要的智囊团成员，就有可能合理地预测潜在的偏见。女性在男性主导的环境中工作时需要付出很大的努力，这样才能尽可能多地了解谈判对手。这可能需要比你更有经验的同伴。如果你收集到的信息引起了担忧，那么就要认真地想一想要让谁和你并肩作战。带上一位可能对谈判产生积极影响的同伴，并且预先阻止对方可能出现的某些偏见。

用客观的标准和可比案例来证明你的要求，用第三方的证明材料支持你的主张。如果可能，你还可以在参加重要会议之前邀请可靠的人对你进行褒扬。

考虑在会议上可能被问及的问题时，列出你可能遇到的用消极导向语言提出的问题，并且想象你该如何调整每个问题的角度，然后用积极导向语言来回答这些问题。你可以和你信任的人对这些问题进行角色扮演。这样在处理各种挑衅行为或语言时会轻松很多。

不要对带有侮辱性的问题做出情绪化的应对，一定要记住每个人都会有偏见，而且这些偏见会驱使他们无意识地选择措辞。瑞典的女性风险投资人在对创始人质疑时甚至也会表现出更偏向男性的倾向。此时，你可以去露台走走，不要发怒。从长远来看，道德上高人一等的立场对你不会有任何帮助。记住，你自己也会有偏见，你的这些偏见影响了你的思维方式，但你仍然希望他人接受真实的你。试着设身处地地考虑他人的

第 5 章
重塑创业宇宙：预防、发现和应对你的错误

立场。

你可以尝试重新构建对话，转向积极的答案，强调你的优势，并且充分利用你的正面特质。以上这些都能帮助你消除对方的刻板印象。当出现个某个伤害自尊心的偏见时，你可以考虑"说出来"，让对方知道你的感受。在说出这个偏见时，注意要强调你的感受，而不是大声斥责对方。你还可以考虑请你信任的某个人来为你说话（例如，"我想邀请我们公司的销售副总裁加入下面的谈判环节，我们相信这是一个极好的市场机会，我们可以一起探讨"）。

作为谈判结束后的反思的一部分，你可以回顾你得出的结论，汇报谈判的情况，并且叙述你观察到的偏见。在评估未来的人际关系时，将每一次经历作为你的评估依据。确定你是否对每种人际关系感兴趣，如果感兴趣，你计划如何使这种人际关系更易于管理并且如何使它产生更大的效益。

最后，无论你性别如何或是有怎样的文化背景，作为一家公司的创始人，你必然也是一名领导者和榜样。你为公司树立榜样，告诉大家应当如何与不同性别和来自不同文化的内外部人员谈判。当你展示你不断增强的自我意识（包括你自己的局限），并且表达你希望提升每个人对文化挑战的理解的愿望（通过开诚布公的谈话）时，你将激励其他人用促进有益的跨文化互动的真实意愿来替代保护自己的需要。

应对文化偏见和性别偏见应该成为个人实践理论的一部分。文化几乎在每一种创业关系中都发挥着它的作用。对于女

性和少数族裔创业者来说，当他们在谈判中处于相对较低的位置，例如与潜在的投资人、外部支持者或大客户打交道时，相应的挑战会更加明显。你需要在事情发生之前确定你的应对措施。

让代理人代表你参加谈判

随着公司不断发展并进入我们在前面描述过的阶段，公司的重要关系的数量将随之增加。面对越来越多的谈判，你需要将一些任务交给其他人处理。不同参与者的情况也各不相同：外部支持者、内部支持者、内部前线人员和局外人。每种参与者对人际关系都会有特别的考虑（见第3章），我们接下来将介绍如何将责任传递给团队的其他人。随着公司的发展（经历创业的各个阶段），许多人际关系会不断地发生变化，谈判者承担的责任也会发生变化。

代表他人参与谈判的人（作为他人的指定代表）被称为"谈判代理人"。谈判代理人代表的人被称为他们的"委托人"。因为房产经纪人、体育经纪人和说客的工作很常见，我们对谈判代理人在某些背景下的工作也已有所了解。在其他背景下，谈判代理人的角色更加微妙：销售代表、招聘人员或公司的律师。在某些情况下，我们必须努力地提醒自己，当我们将责任交给工程经理、董事会成员或市场分析师时，我们和这些人员之间实际已形成委托代理关系。事实上，某些法律或法规规定了"代理人"一词的含义及用法。在《代表他人谈判》（*Negotiating on Behalf of Others*, 1999）一书中，罗伯特·芒金和萨斯坎德围绕这个话题介绍了一系列研究结果，揭示了现实生活中的状况。

为什么创业者要使用代理人？其中的原因和其他领域使用代理人的原因相似。使用代理人有多个好处。一名熟练的代理人可以提高整个流程的效率（当我们不如代理人那样熟练时）。无论代理人是比我们更快地完成谈判，还是需要投入更多时间且参与谈判的时间更长，他们都能让创业者将精力放在其他地方。因此，代理人提高了效率也提供了便利。

代理人高效的原因是他比委托人了解得更多。他们可能已经了解了相关的法律、商业规范、趋势、标准、先例、风险、特殊情况及谈判的参与者。他们甚至会提前和谈判的参与者建立联系，以推动或支持谈判的进程。而委托人可能并不具备在此过程中要用到的渠道和声誉。

使用代理人之所以能带来便利，还有一个原因是委托人可以远离不断变化的谈判过程以及一些艰难时刻。首先，委托人没必要花时间去做让人感觉不舒服的事情（这可能是一个非常充分的理由）；其次，使用代理人还可以维护委托人和谈判对方的关系，使之不会那么脆弱。代理人可以起到缓冲的作用，并且在适当的时候以激进的姿态讨价还价。例如，一位投资银行家在某次并购交易中极力主张收购某家公司，并且认为有必要将最后通牒用作其谈判策略的一部分。然而，如果代理人是出面施压的一方，在达成交易后，被收购方的高管仍然可以和收购方的高管建立友好而专业的关系。相反，代理人之间的关系可能"更温和"：即使你和对方公司创始人的关系令人很不愉快，但你公司的代理律师和对方的律师也许保持着非常高效和专业的关系。

虽然使用代理人有高效和便利的优点，但这种方式也存在缺点。正如我们看到的，代理人的经验、知识、已有的人际关系以及声誉都很重要。但它们也可能带来麻烦。代理人的加入意味着情况更复杂。使用代理人之前，我们面对的是委托人和委托人的关系，但现在我们要面对更多关系，包括委托人和代理人的关系以及代理人和代理人的关系。除了增加费用（薪资、计时工资、交易的利润分成等），我们还可能因为与代理人的利益及动机不同而导致增加成本甚至破坏交易。此时，必须考虑如何向谈判代理人支付报酬的问题。在上面的例子中，则是考虑谈判代理人的激励机制。如果交易双方的投资银行按照成交价的一定比例收取佣金，收购方的首席执行官当然希望降低成交价，然而如果成交价越高，投资银行的收益就越高。交易的另一方可能也会出现矛盾。被收购方的首席执行官可能希望将交易拖到三个月之后，这样他就有可能从另一个买方那里获得更高的成交价（以及更有利的条件），但投资银行更喜欢立即完成交易（佣金稍微低一点没关系，但是不要增加工作量），然后他们可以立即进入下一笔交易（在下一笔交易中，三个月的工作可能会带来更高的回报）。如果创始人之

第 5 章
重塑创业宇宙：预防、发现和应对你的错误

间出现纠纷，律师是按小时计费的，并且律师所在律所的合伙人会根据律师在一年内带来的经济效益对其进行考核。在这种情况下，从你的偏好和经济考虑，你当然希望尽快解决纠纷，但这样的意愿可能与律师的意愿背道而驰，他们希望案件可以一直处于法院的审理流程中（也许一年多以后才开始审理也许还要上诉）。如果案件处于这些流程中，律师就将根据律所合伙人及律师的参与时间（需要完成取证、提供书面陈述和专家意见、进行尽职调查等）收费。代理律师也会出于提高声誉的考虑，不放过任何可能胜诉的机会。胜诉将对他们的未来发展提供助力。

战略性地使用代理人，将同时获得效率和便利。也就是说，可以通过使用代理人获得特定的优势。在我们知道的一个案例中，一家公司的采购副总裁有一个习惯，那就是他会回到谈判桌上，告诉对方他们公司的首席执行官看好这笔交易，包括这笔交易的所有细节，但有一件事需要对方继续让步，因此他会在双方都认为交易已经完成时，要求再"啃一小口"或者再"咬一口苹果"。一些公司可能会故意这样设计他们的客户服务：首先接到客户投诉电话的工作人员只提供较小金额的赔偿，如果客户需要将问题升级到经理处理，则需要等待更长时间和更多的流程；最后，客户继续等待和不断投诉，问题才会被升级到有权限同意赔付更大金额的总监。使用多名谈判代理人可增加双方的交易成本（时间、情绪等），并且可能导致其中一方更快让步（需要额外付出的努力和可额外获得的资源投入不匹配）和接受更低的补偿。显然，这样带着明显目的地使用代理人，可能会产生风险，即另一方因为感到失望或被冒犯而采用其他方式解决问题。他们可能会向法院提起诉讼，或者通过社交媒体曝光相关的事件。

关于通过使用代理人提升专业能力和效率，对律师的普遍使用就是一个典型的例子。在一些情况下，法律会要求聘用律师，在其他的情况下，聘用律师是为了避免重大错误。但在研究效率问题后，普林斯顿大学（Princeton University）的经济学家阿申费尔特（Ashenfelter）将他的研究命名为"律师在囚徒困境博弈中扮演魔鬼的代理人"，以反映他的研究发现：当一方聘请了律师而另一方没有聘请律师时，有律师的一方表现更好；但是当双方都聘请了律师时，他们的表现并没有变得更好，甚至比没有律师时更糟糕（1990）。

在第4章中，我们看到了两个使用代理人的案例。福克斯决定不借助人力资源代理人的专业能力来筛选候选人，但他后来后悔相信了自己的非专业判断。另一个极端的案例是，他将商务拓展谈判的任务交给了一名员工。他没有设定明确的报告要求，后来又后悔自己没有参与一些重要的决策。其他创业者分享了他们的经历，并且证实了这两种错误：一是在有必要使用代理人时没有使用代理人；二是在部署代理人时犯一些典型的错误。

使用代理人时出现的一个典型错误是，假定他们的动机和利益与委托人一致。这个话题很敏感，有时很难针对这个话

第 5 章
重塑创业宇宙：预防、发现和应对你的错误

题进行讨论。还有一个严重的错误是忽略委托人和代理人之间的信息不对称，并且过早地授予代理人过大的决策权。在这种情况下，委托人放弃了决策的权利，并且有可能一直无法获得完整的信息。此种信息包括从对方那里获知的信息、在谈判期间获知的环境（市场趋势、法律法规等）的变化（委托人在正常的业务过程中可能无法获知），甚至是代理人自身的工作情况（他们采取了什么措施、出现了什么错误、做出了什么努力等）。这种信息的缺失可影响整个过程的效率，包括短期的效率（不知道是否需要推动更优的交易），更重要的是，也包括长期的效率，因为委托人或企业获取信息的能力可能因此受到影响。

采取什么样的措施可以降低以上风险？"代表"一词的意思是指作为某个人的代表（代替某人）或者作为其利益的代表（例如代表某人宣传他的事业）。这个词的英文起源于中世纪英语，由"by"和"half"组成，表示"在某人的身边"。请其他人代表自己谈判的原因有很多，但使用"half"（一半）这个词是一个很巧妙的提示，它说明你的利益和代理人的利益不会完全重合。虽然代理人会有一半以上的利益和你的利益相似，但要留意和控制"半空"的情况。在这种情况下，代理人的利益可能和你的利益不同，甚至和你的利益完全对立。

我们建议通过以下措施，避免与部署代理人有关的风险：

- 表明你的利益，明确你的代理人的利益，以及二者的利益有哪些不同。

> 265 <

- 综合评估聘请代理人的优势，以及某位特定代理人的优势。
- 协商代理人的激励政策，尽可能地实现你和代理人利益的一致。
- 清楚界定代理人在接下来的谈判中的权限。非常清晰地指明哪些事项需要你的最终批准。这可能包括你想鼓励或阻止的部分策略。
- 制订你和代理人共同的报告计划。
- 考虑和代理人一起预演模拟场景。

我们建议通过以下措施，在使用谈判代理人时及时发现典型的错误：

- 以合作的态度面对代理人，与代理人共同解决问题，包括双方利益出现冲突的领域。面对出乎意料的进展，避免指责和过度防备的做法。
- 定期回顾进展和工作情况。
- 如果你根据不断变化的状况认为有必要调整协议条款，请及时调整。
- 在关键的决策点，邀请你信任的人对你的观点和设想进行验证。

我们建议在出现错误或谈判结束后采取以下措施：

- 和你的代理人一起汇报结果，然后你自己单独进行汇报。
- 考虑你是否会在类似或不同的情况下再次使用相同的

第 5 章
重塑创业宇宙：预防、发现和应对你的错误

代理人。
- 总结学到的经验教训，并且根据需要更新你的实践理论。
- 修改你在使用该代理人时采用的激励政策和管理方法，以及未来的调整方向。

随着公司的发展，我们必然会通过多位代理人和我们的团队成员进行谈判。我们一起看看在你的创业宇宙中，通过代理人与这些不同的角色谈判是如何进行的。

内部前线人员：内部前线人员，例如公司的销售人员，他们是代理人。一旦公司开始发展壮大，销售部门的层级结构通常都会扩大。销售副总裁下面可能有几位主管，每位主管又分别负责管理几位经理。在这种情况下，创始人／首席执行官可能需要与销售副总裁谈判，然后销售副总裁将销售目标和佣金方案"向下传递"给各个销售团队。每增加一个"层级"的代理谈判，就越难追踪谈判中沟通交流的内容。在尊重每一位谈判者的自主权的同时，还需要非常小心地维护内部的透明度和一致性。这样可以减少带有偏见的报告，或者避免谈判者为了达成协议或取悦对方的代理人而投入太多精力（在很多代理人对代理人的谈判中，代理人之间会建立起紧密的关系）。在《谈判长赢》一书中，哈勒姆·莫维斯和萨斯坎德提出了一个观点：谈判是一项"集体运动"，它需要有组织的方法（2009）。管理内部前线人员的代表应该了解如何选择、培训和管理代理人，并且设立可保证透明度、自主权和责任分配的激励计划。他们还需要擅长设计谈判细节，并且克服信息差和信息不对称。

首席执行官最好通过代表督促内部前线人员争取积极的结果，与此同时，首席执行官必须进行必要的把控，以防止代理人承诺首席执行官无法接受的条款。将太多职权下放给内部前线人员，其风险在于他们会根据自己的利益考虑做出不合实际的承诺（例如销售部门超额完成了目标，但是代表公司承诺了不合实际的交货任务）；同时，通过内部前线人员和局外人接触，公司就无法从中学习。

内部支持者：在公司发展的早期阶段，最初的员工及团队成员和创始人兼首席执行官建立了直接的关系。如果有联合创始人，则需要快速地确定谁对哪种员工关系有管理权限。在公司的发展过程中，公司将很快形成某种组织架构。在这个组织架构中，每位经理分别对他们的直接下属负责。设立清晰的管理流程，这一点很重要，这样各级经理就可以避免将相互矛盾的信息、任务、承诺或反馈传递给员工。一家30人的公司需要这样的操作。公司的软件开发员向他们的团队主管汇报，团队主管向研发总监汇报，最后研发总监向创始人兼首席执行官汇报。一家300人的公司也需要这样操作。软件开发员和内行的首席执行官之间隔着五六个层级（创始人可能不在这个人的汇报链当中）。在很多大型公司，人力资源部将在这个流程中发挥作用——确保及时地进行讨论（每季度或每年进行谈论），要求提交有关决策和协议的记录总结，确

第 5 章
重塑创业宇宙：预防、发现和应对你的错误

保合规（符合法律规定、规范和标准），并且在出现问题时及时干预。在《负责谈判的管理者》(*The Manager as Negotiator*, 2003)一书中，大卫·拉克斯（David Lax）和詹姆斯·塞贝尼乌斯（James Sebenius）介绍了多种内部谈判。在这些谈判中，每个人似乎"都在同一个团队，并且努力实现相同的目标"，但团队和个人为了资源和赞誉不断地在内部进行竞争。创始人兼首席执行官当然不可能参加所有这些谈判，他需要允许代表成功地影响公司的所有内部支持者。负责管理内部支持者的代表必须是有说服力的团队主管和愿意寻求共识的人。他们需要宣传领导者的愿景，并将这种愿景转换为运营计划。在这个计划中，每位内部支持者都清楚自己的目标、责任、可交付成果和对接人，并且能感受到表现的动力。首席执行官最好能通过这样的代表建立一个正常运行的架构，并且根据需要招聘和解聘员工。将太多职权下放给内部支持者的风险是可能失去与员工的联系，失去公司内部的一致性，并且破坏员工对你的领导力的信任。

外部支持者：在创业公司的早期阶段，公司通常与外部支持者保持着密切而直接的关系。家人、朋友、联合创始人、天使投资人和初始的风险投资人都希望和创业者保持密切而直接的关系。即使到了后期，当投资人的数量增多，这种预期也会持续存在。这些关系往往需要创始人投入大量时间。举例来说，新一轮的融资需要所有投资人的签名才能完成，参与签字的许多投资人将与首席执行官产生直接的关联，并且希望就某些提议直接和首席执行官进行沟通。在这种情况下，会有一个人站出来，作为首席执行官的代理人行事。这个人可能是公司的外部律师、公司内部的首席财务官或法律总顾问，或者在某些情况下是公司指定的某位董事会成员。随着公司的发展和上市，公司将新增一个正式的"投资者关系部"。在这些情况下，最好能采取下面的措施：定期安排会议／沟通，并说明将如何通过临时会议让所有人了解最新的进展情况。要时刻记住一个原则——"没有意外状况"。为了确保涉及多位参与者（董事会会议、投资者电话会议等）的会议的成功举行，最好能另外完成一些工作，包括提前进行书面沟通，并且和关键人物进行一对一的对话。由于董事会和股东大会的议题需要过半数表决通过（股东协议有时需要每种股份过半数表决通过，或有时允许特定的投资人对某些事务行使否决权），因此应当特别注意形成联盟的可能性。在涉及多方参与的谈判中，每一方需要在多个不同的联盟安排下考虑其最佳替代方案。萨斯坎德在他的文章《制胜联盟和阻击联盟》（*Winning and Blocking Coalitions*）中表明，需要进行特别的准备工作和密切关注流程管理的细节（2003），以应对出现联盟的可能性。谈判各方都将尝试建立一个制胜联盟，但也可能形成一个潜在的阻击联盟，以保护自己不被对方的激进行为影响。制胜联盟和阻击联盟的复杂性随着参与者数量的变化呈指数级增长（如果同时涉及律师和智囊团，其复杂性将变得更大）。被指定负责管理投资人和支持者的代表需要有足够的专业能力和可信度，才能处

第 5 章
重塑创业宇宙：预防、发现和应对你的错误

理与公司治理相关的敏感且重要的任务；同时，他们还需要具备调解人的素质，因为当支持者的利益与创业者或整个公司的利益不完全匹配时，会产生某些情绪激动的时刻，此时，代表可作为一个缓冲器，缓解首席执行官和支持者的激动情绪。首席执行官最好通过这样的代表维系值得信任的人际关系，并且与其保持一定的战术性距离，以便在适当的监督下运作（在运作上不让支持者过多参与）。将太多职权下放给外部支持者的风险是破坏支持者的信任，并且可能导致董事会或股东的报复性投票。

局外人：这个群体包括大量的参与者。你可能已经和其中的某些人建立了关系。在建立这些关系时，你可以依赖你的内部前线人员和代理人。但大多数情况下，你并没有建立任何人际关系，你也没有资源去建立和维系某段人际关系。此时，外部的代理人将发挥他们的作用。媒体可以帮助你向公众传递信息（包括未来的客户、供应商、员工、支持者和利益相关者）。记者在某种意义上成为你的代理人，他们将帮助你将信息传递出去。内部人员（如市场营销人员）也可能为你提供帮助。最好的做法是对期望的品牌形象（即公司代表的形象）进行谨慎而持续的管理，并且在成功时避免过度乐观的态度。其他局外人包括位于公司所在地且可以提供帮助的政府组织、行业协会和社区机构。创业者在选择向外界传递信息的代表时，应考虑其渠道和声誉，并且应该对信息进行明确的限定和定义。

双赢谈判

在本节内容中,我们介绍了创业者如何让代理人代表其参与谈判,以及如何更好地保持二者之间的一致:他们选择的代理人的利益以及他们代表的创业者的利益。创业者应该通过创业谈判闭环预防、发现和应对可能出现的谈判错误。

第6章
了解你的创业自我
CHAPTER 6

第6章
了解你的创业自我

在前面几章中，我们将创业过程作为一个系列谈判构成的整体对其进行了重新认识，并且介绍了几种连经验丰富的创业者也很难避免的错误。除此之外，我们还介绍了新企业生命周期的各个阶段会出现哪些问题，创业宇宙中都有哪些参与者，创业的各个阶段需要关注哪些参与者。创业者要想取得成功，必须具备预测、发现和应对问题的能力，避免出现我们之前介绍过的8种错误。

了解你的谈判自我

作为一名创业者，你的优势也有可能成为严重的劣势。如果不经过适当的准备和认真的思考就贸然采取行动或做出决断，你的企业和梦想都有可能因此陷入绝境。值得庆幸的是，大家都可以通过学习掌握商业谈判技能。我们在前面几章中介绍的故事和实际案例都能清楚地证明这一点我们相信读者也可以通过提升谈判能力获得更好的经营成果，建立更稳固的合作关系，成为更出色的企业领导者。

> 双赢谈判

如何应对常见错误

我们两人在以前的工作中遇到过形形色色的创业者，于是从中总结出了一套学习方法，可以帮大家更轻松地记住创业过程中经历各种谈判的顺序。不要忘记法伦和费尔南多的故事！另外，大家现在也已经掌握了一些基础词汇，可以描述自己的谈判经验，也可以理解其他人讲述的经历了。大家要时刻牢记多数创业者容易出现哪些问题，比如以自我为中心、过分乐观、不惜代价争取所谓胜利、太容易妥协、孤军奋战、讨价还价、太过依赖自己的直觉，以及否认自己的情绪等。现在你的能力已经有所提升了，应该能够应对自己的情绪反应和企业发展的不确定性、理解创业的复杂性，并能更好地管理合作关系。我们希望大家都能自己制作一份列表，写出自己需要注意的问题和有待提高的能力。你要真正做到"了解自己"，才能避免出现错误、在犯错之前及时发现问题，或在错误发生后进行有效应对。我们会为大家提供一套框架和几个范例，希望大家可以认真回顾一下自己经历过的每一次商业谈判，不需要花费很多时间，但是回顾习惯的养成可能是创业者取得成功的重要因素。

大部分人并不擅长观察自己的行为和行为倾向。你可以找一位朋友或者同事帮忙，了解一下别人对你的印象。每次谈判过后都可以请同一个人帮你回顾谈判过程，必要的时候也可以请不同的人帮忙。你也可以选择向别人汇报谈判经过，这种方法看似简单，但可以有效帮助你提高自我认知，提升记忆的牢固度和可靠性。

培养必要的能力

怎样长久保持自己的专业能力呢？怎样不断提升自己的灵活应对和适应能力呢？我们再来回顾一下能力清单（我们将在下文进行总结），可以考虑采用以下几方面来进一步提高自己和强化记忆。有些个人能力的提高可以独立完成，但谈判需要与人进行沟通，所以大部分技能的提升需要一位同事或一个团队共同合作。谈判这种技能的应用范围很广，所以你也可以在其他的环境或圈子里进行相关的训练（比如报名参加社区活动或者规划一次大型家庭活动）。任何一个领域的能力提升都有助于个人能力的强化（比如商业交易，或尝试解决长期紧张的家庭关系）。人们随时随地都在谈判。你所掌握的谈判技能越多，积累的商业谈判经验越丰富，个人能力就越出众。这个过程可以形成我们所说的"良性循环"，你做出的每一分努力都会很快显现出效果，所以最好现在就开始学习。

以下是我们推荐的几种需要提高的技能。

倾听

我们在前文说过，主动倾听是一种非常重要的能力。此外，理解自己面对的问题、跟谈判的另一方建立更好的情感沟通、准确查找创造价值的机会、更加耐心地与对方沟通谈判流程，都是谈判中不可忽视的内容。主动倾听的能力可以通过练习得到提升，比如你可以跟同事简要总结谈判经过，也可以在日常沟通中进行练习，对象可以是家人、公司同事、大型活动中遇到的陌生人、购物时遇到的销售人员等，倾听朋友表达自己的想法也是不错的练习方式。

头脑风暴和创造性开发总体目标

头脑风暴需要秉持两个基本原则（如第 4 章所述）：不下定论，不盲目归因。除此之外，总体目标的实现还需要创业者牢记一条重要原则："在所有条款全部确定之前，没有任何条款是确定不变的。"掌握了以上几条原则，你才能更有效地解决问题。你可以先在相对安全的环境（例如几个朋友一起规划一次派对）中练习头脑风暴和总体目标规划能力，逐步建立自信，从而更加从容地面对风险更高的谈判环境。

视角选择和角色扮演

视角选择是另外一项有助于问题解决的能力。你要努力把自己放在对方的视角之上，这样才能理解他们有哪些利益诉求和优先事项。此外，还要注意对方在情绪方面的需求。当你的情绪逐渐失控的时候,要学会采取某种象征性的方式让自己冷静下来,这样才能更加专注地解决问题,而不是过度关注对方给你造成的情绪反应。我们推荐大家采用角色扮演的练习方式。你可以选择扮演各种角色,包括谈判的另一方以及调停人或中立方,还可以在设定的谈判练习背景之下,将重点放在容易受影响的代理人、智囊团或其他利益相关方身上。

如果你是独自练习,可以花些时间仔细填写谈判准备工作表,不仅要为自己填写,还要尽己所能地为对方填写一份。然后假设自己是受邀参加谈判的中立方,撰写一份描述谈判过程的报告。最好能邀请一位同事来扮演刚刚与公司建立联系,还不清楚情况的中立方,而你要做的,是在做好准备的情况下代表谈判的另一方发言。先要向同事介绍一下你自己和对方的情况(职位、角色、文化背景、动机和声誉等)。你要在练习中代表对方和你自己发表具有说服力的演讲。务必要让同事采取"主动倾听"策略,让自己在练习中尽量清晰、详尽地阐明双方的立场、利益诉求和思维模式。

情境分析

我们在前文谈到过情境意识的重要性。现在大家已经掌握了必要的词汇,在我们回顾创业过程中每个阶段可能遇到的各种谈判时,可以清晰地描述可能发生的各种情况和动态变化。大家要坚持使用这些词汇,并且要阅读更多书籍、参加更多培训等,不断丰富自己的词汇量。另外还要跟掌握这些词汇

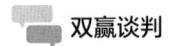

的同伴多交流，这点也很重要。

谈判风格和谈判方式

谈判是一种需要不断实践的艺术，不管积累多少学术或理论知识都无法弥补实践的不足。为了丰富实践经验，你需要尝试各种不同的谈判风格，采用不同的谈判手段。例如，你可以尝试不同的开场方式，找到更适合自己的方式。可以练习对方采取激进措施时的不同应对方式，从而了解自己是否完全掌握了这些方法。培养现场谈判能力的最佳途径就是积累更多的实践谈判经验。谈判模拟就是一种不错的方法。你可以设计一场特定的谈判，让一位同事扮演谈判的另一方，这样就可以练习不同的场景（但你要事先为他们提供必要的背景信息）。如果参加同一模拟场景的同事或员工人数很多，大家可以一起总结这场谈判。最后，为了进一步提升和深化谈判实战经验，你应该想办法制造机会参加更多真实的谈判，例如，可以在工作中或社区里自告奋勇地为风险较低的谈判提供帮助。

情绪控制和高难度对话

跟谈判实践技能一样，情绪波动的理论探讨和情绪波动及其影响的切身经历存在很大的差异。你可以通过记日记提升自己的情绪意识和自我控制能力，也就是以某种方式记录（仅供自己回顾）每天在日常生活中面对情绪挑战时采取了何种应对方式。此外还应该通过模拟的方式练习高难度策略、模拟应对难度较高的谈判对象和对话场景，这样才能有更大的收获。

流程管理和设计

流程的推进是谈判成功的关键因素之一。流程的重要性不亚于谈判参与者本身和谈判中要面对的实质性问题。我们在前文已经介绍过确定流程的重要意义，务必要从一开始就耐心地与谈判的另一方商量好谈判流程的先后顺序。良好的流程设计可以极大地改善谈判的成果，不只是交易的实质性成果，也包括谈判双方颇为重视的主观价值。你可以帮别人分析谈判内容和争议焦点，通过这种方式练习流程的管理和设计能力。还有一种提升流程设计意识的方法是接受调停培训，或者积累调停经验。所谓调停就是在别人的帮助下进行谈判。调停人帮助谈判各方有效推进谈判的方法很多，其中一种就是针对谈判流程设计提出建议。接受调停培训可以让你更加注重自己的流程设计决策。

不断反思自己的实践理论

现在大家已经了解了本书所说的实践理论的含义，接下来需要在此基础上继续发展和调整自己的实践理论。作为创业者，你已经掌握了本书提供的知识，在任何商业谈判情境之下都应该能提前预测出自己可能遇到的谈判问题，无论对方是创业宇宙中的内部参与者还是外部参与者。个人实践理论内容的充实可以帮助创业者预测可能出现的问题、寻找适当的措施来避免严重错误的发生、预测个人和初创企业在发展过程中可能遭遇的谈判类型，并且有助于提升个人和企业的应对能力。我们的目标是将这种意识变成一种固定的习惯。

个人和企业都需要有一套实践理论。成立或加入一家初创企业时，要注意观察这家公司的决策制定机制，并且要提供相关的激励机制和控制措施，让员工和合作伙伴更加轻松而高效地开展谈判。创业者在企业成长的过程中还有很多与企业动态变化和管理相关的知识和能力需要学习。创业者可以在顾问的帮助下学习，可以聘用相关的高层主管并向他们请教，也可以通过书籍和课程学习相关知识。本书前文已经给出了很多相关的见解、词汇和更多资源的链接，读者可以借助这些资料提升企业的谈判能力。

每次谈判过程中，谈判结果的主要承受方（享受好结果带来的利益或坏结果造成的后果的主要谈判方）和实际参与谈判的执行人（主要承受方的代理人）都会感觉到利益诉求方面存在的压力。我们之前已经讲过通过代理进行谈判的优缺点。创业者应该在自己总结的个人实践理论中写明，企业在何种情况下需要亲自参与谈判，何时应该通过代理与对方谈判。除此之外，还要注明遴选和调用代理的具体方法。

继续进步

还有一条值得庆幸的消息。你会阅读这本书，就证明你是个懂得学习的创业者。我们认为学习新知识和自我提升的欲望是创业者取得成功的关键驱动力和预判标准。你明白一次的失败不会将你打倒，继续学习不但能帮你减少犯错的次数，也能让你更快从困境中恢复过来。我们建议大家"周期性地"接受训练。你要努力保持自己的能力水平，最好能持续接收别人的反馈，不断发觉自己的潜在优势和坏习惯。有些时候最好能保持谦卑的态度，承认自己对某些事情了解不多。在航空航天领域，专业的飞行员、航天员必须定期接受常规状态和紧急状态操作规程的周期性再培训。同样，作为专业的谈判者，你也应该制订计划定期学习新知识、参加模拟和研究现实案例。

寻找学习同伴相互监督可以帮助大家长久地保持学习习惯。此类同伴可以是教练、同事或者几个伙伴组成的团队，可以是本公司的员工，也可以是在其他公司工作的朋友。据我们所知，一些公司的高层管理人员已经组成了学习小组，每季度都会互相分享一手经验。养成习惯需要时间，可一旦养成，保持习惯就变得容易很多。

双赢谈判

快速提升个人能力

我们在书中讲述了多个案例，这些企业家都通过学习实用谈判技能取得了成功。我们非常幸运能在这里看到他们的失败经历。创业者必须提高自己发现潜在错误风险的防范意识，这是创业人员必不可少的一门功课。不过我们同时也要清楚，创业者必须懂得利用自己的优势创造未来，这才是他们值得众人尊敬的原因。

每个人都有自己独特的优势。如果你正在阅读这本书，或许你是一位对学习充满热情、喜欢研究事物发展内在原因的人，而且毫无疑问，你一定很懂得激励自己，而且可以创造性地解决问题。你在童年时期或许性格更偏内向，或许因为自己的一些选择或者偏好而在团队中显得有些格格不入。你的数学、科学或工程学成绩可能非常出色。现在你已经成为其中某个领域的专家，并为此感到非常自豪。但是专业实力强大并不代表创业一定能成功。创业过程中要完成很多工作，也就是说，你要跟很多像你一样善于解决问题和完成工作的人一起共事，和他们一起寻找工作的乐趣。

你在刚刚开始创业的时候，或许并不是个"天生的领导者"。也许这是因为，你所理解的领导能力相关知识已经落伍了。如果是这样，那么你遇到的情况并不是个例。很多人认为企业领导模式就是"命令加控制"，但实际上，这种模式用处不大。对于企业领导者来说，更为重要的是合作（以及鼓励其

第6章
了解你的创业自我

他人相互合作）寻找创造性或创新性的解决方案。企业领导者应该把自己当作一个特别行动小组的成员。工作效率更高、更具开拓和创新能力的领导绝不会以自上而下的方式管理企业。

安科纳（Ancona）和葛瑞格森（Gregersen）在麻省理工学院对他们口中"以挑战为导向的领导力"进行了研究，结果发现，创新和创业的成功通常需要实施者充分发挥多种不同的才能和学会从多个视角考虑问题。这是人们开发新方法的关键所在（2017）。很多科学和科技领域的初创企业领导者都会和团队一起开展专业研发工作。他们可能不太愿意担任领导，认为领导职务只是暂时性的工作。他们只是偶尔会回到领导的工作岗位，让其他有热情和专业能力的人在必要的时候发挥更大作用。这种领导方式在小型初创企业团队中非常有效，每个成员都能发挥出自己独特的优势。

创业型领导需要找到合适的人才去执行特定的任务，要说服这些人才加入团队，在创业宇宙中为这些人创造足够的空间，让人才发挥出自己的实力。此外，不管是对企业内部还是外部，创业者都要把眼界放宽，要能把领导任务适当地分配给其他人来负责。以上这些工作都需要创业者与相关人员展开谈判。

创业者需要认真思考如何充分发挥自己的个人优势，同时还要制定一套错误检测机制，能在谈判即将出现错误的时候提前发出警报。此外还要让其他人尽量发挥出自己的优势，帮助创业者规避、检测各类问题，提升创业者作为领导者和团队成员的工作能力。

建立和支持你的团队

我们在前文已经讲过,谈判是一种团队活动。团队的多样化特色越突出,你得到的助力就越大,在各种不同的创业背景下灵活运用谈判技术的能力就越强。一定要在你的企业或团队中尽力敦促所有成员持续提升谈判技能。虽然用奖金激励员工提高谈判能力的方法对创业企业来说有一定的帮助,但是如果团队成员本身没有学习商业谈判的决心,那么单纯的奖金激励也是不够的。

把双赢法告诉更多人

如果参加谈判的所有相关方都懂得并且采用双赢法进行谈判,那么创业者获得的成果也会更加出色。我们希望大家能为同事和企业员工提供相关的指导,鼓励投资方、客户和代理拓展各自的谈判能力范围,学习如何在商业谈判中运用双赢法。总而言之,我们非常认同"教学相长"的观点,所以如果你想学好一门技能,那就应该试着教别人提升这种技能!

附 录

附录使用说明

我们相信读者在阅读本书、听取其他创业者的故事和梳理自己谈判行为倾向的过程中一定学到了很多东西，这份附录包含多个图、清单和表，可以帮大家将这些知识付诸实践。你可以在刚开始学习时直接使用这些模板，然后再随着学习的推进不断对其进行调整。养成使用此类模板的习惯可以帮你更加轻松地强化自己的实践理论。记住，大家应该将创业过程中的谈判视为一个过程，这个过程包含多个阶段性成果和多种元素。在这样的情境下，创业者在为谈判做准备时必须从三个不同的角度思考问题。后文的图表可以帮大家完成这项工作。

另外还有几张图表可以帮助大家更敏锐地发现自己的谈判行动倾向和容易出现的特定错误。最后的几张图表可以帮大家记录自己的能力提升过程，提醒大家不断学习和完善自己的实践理论。

你将在附录中看到：

附图 1	我的创业谈判宇宙
附图 2	典型谈判流程的阶段性目标顺序排列

附表 1	从三个视角开展准备工作
附录清单 1	从第一视角开展准备工作
附录清单 2	从第二视角开展准备工作
附录清单 3	从第三视角开展准备工作
附表 2	我的创业谈判自我
附图 3	创业谈判错误卡
附录清单 4	简短汇报指南
附录清单 5	提升我的能力
附录清单 6	充实我的个人实践理论

绘制创业谈判宇宙图

附图 1 可以帮你绘制自己的创业谈判宇宙图。典型的创业谈判会有多方参与者共同坐上谈判桌，其中部分参与者的智囊团成员也会参加会议。有些不参加谈判的相关方也会对谈判过程产生影响或者间接受到影响。你需要确定各个参与者属于局外人、外部支持者、内部支持者还是内部前线人员，然后把他们放到图表的对应象限之中。根据对方与你的关系估算一项相关人员的距离，以及这些人与图表中其他参与者的距离。

要注意，有些参与者身兼多个角色，可能同时属于图表中的两个或多个象限，可以用覆盖多个象限的椭圆形表示这样的人物。例如，图 4-3 中帕特尔的联合创始人可以归入三个象限，他既是内部支持者（公司的高层管理人员），又是内部前线人员（因为他负责管理企业与签约生产合作伙伴的关系）和外部支持者（他是董事会成员，有知情权和投票权）。

用指向两边的剑头表示主要谈判，箭头的指向代表参与谈判的各方。接下来要添加除你之外的所有其他关系人，并标注他们有何种影响、他们的谈判风格和性格特征。

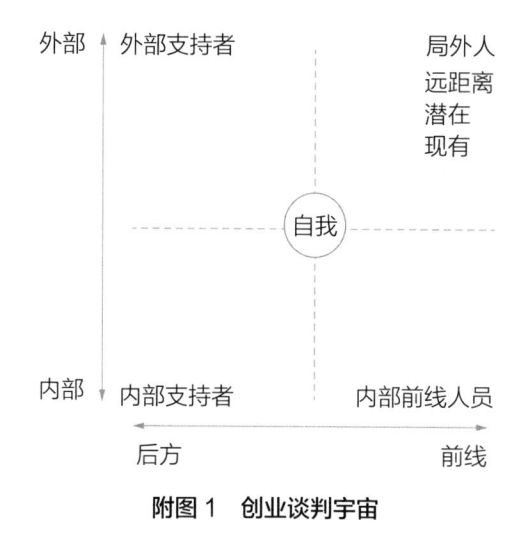

附图 1　创业谈判宇宙

典型谈判流程的阶段性目标顺序排列

附图 2 可以在你开展谈判的时候通过图示帮你厘清整个谈判过程。典型的谈判流程包含七个阶段性目标。你应该思考的是不同阶段性目标实现之前可能牵涉到的相关因素。这样做可

双赢谈判

以帮你提升谈判创造的价值,同时降低你在谈判中犯错的可能性。

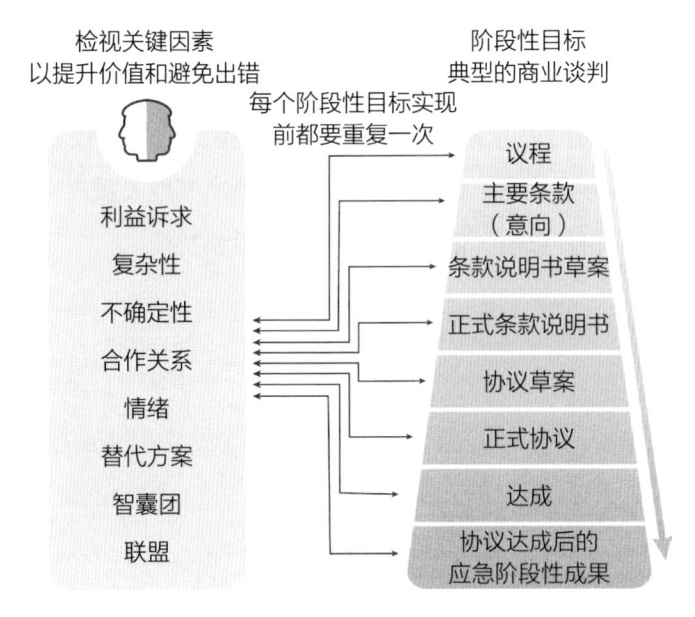

附图 2　典型谈判流程的阶段性目标顺序排列

从三个不同视角为谈判做准备

附表1可以帮助大家在开展准备工作时同时考虑到三个重要的视角。

附表1后面的三个清单分别代表了不同的视角。

附录

附表1 从三个视角开展准备工作

第一视角	第二视角	第三视角
你自己的视角	谈判另一方的视角	旁观者视角
明确你自己的利益诉求	转换到对方的视角，全面考察对方的利益诉求	从旁观者的视角进行观察
评估你的机会和风险	评估对方的机会和风险	从独立旁观者的视角评估机会和风险
预测你自己可能出现的错误	预估对方最有可能出现的错误	根据性格和行事风格，预测双方可能出现的错误
查找更多信息	对方可能需要或想得到哪些新信息	哪些新信息可能对双方都有帮助
思考行动步骤	思考对方可能采用的行动步骤	明确相关的谈判阶段性目标和关键谈判流程设计选项
尝试清除阻碍你达成目标的因素	如何清除阻碍对方达成目标的因素	
确定创造价值的最佳途径	你怎样才能影响对方创造价值的意愿	有没有一个独立第三方可以从旁协助、居中调解或给出公平裁决
练习相关情境	练习站在对方的视角进行谈判（角色扮演）	

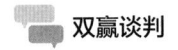

附录清单 1：从第一视角开展准备工作

从你自己的视角规避错误

明确你自己的利益诉求

- ☑ 思考实质利益和合作关系
- ☐ 思考己方牵涉哪些智囊团和压力来源（创业宇宙图）
- ☐ 思考其他的利益相关者（创业宇宙图）
- ☐ 从最初的叙述、立场、需求和担忧中挖掘深层原因
- ☐ 对利益诉求进行排序

评估你的机会和风险

- ☑ 你可以在谈判中运用哪些技能和资源？
- ☐ 你缺少哪些对方已经掌握的技能和资源？
- ☐ 评估你谈判失败时的替代方案
- ☐ 制定参数和标准
- ☐ 确定分配问题
- ☐ 确定可能达成的交易
- ☐ 明确你自己的优先事项和可量化的"分数"
- ☐ 用备选整体方案进行测试
- ☐ 评估短期和长期影响，受影响因素设定为：

协议实质性内容和合作关系

预测你自己可能出现的错误

- ☑ 回顾你以前出现过的错误
- ☐ 想一想己方需要思考哪些可能出现的错误

☐ 列出可能对你的核心身份、禁忌和不可侵犯的价值构成威胁的因素

查找更多信息

☑ 考虑通过开放资源获取信息
☐ 考虑通过其他相关方获取信息
☐ 考虑向谈判另一方索取资料

思考行动步骤

☑ 完善你的替代方案
☐ 改变谈判环境和大家的想法
☐ 建立联盟和制定拖延措施
☐ 管理你的智囊团
☐ 考虑如何为行动步骤争取时间

尝试清除阻碍你达成目标的因素

☑ 放弃不利于成果实现的替代方案
☐ 尽你所能清除各种限制条件

确定创造价值的最佳途径

☑ 确定最有利的谈判场景和参与者
☐ 评估与流程、议程和时间安排相关的各种选项
☐ 准备你的论据并设想对方可能提出的论据
☐ 假设你争取到了自己想要的条件,起草一份阐述对方获得何种利益的胜利宣言(包括利益实现、标准、价值)

练习相关情境

☑ 试验新的沟通策略
☐ 明确你的最佳选项

附录清单2：从第二视角开展准备工作

从谈判另一方的视角规避错误

转换到对方的视角，全面考察对方的利益诉求

- ☑ 思考实质利益和合作关系
- 思考对方智囊团成员的利益诉求（创业宇宙图）
- 思考智囊团给对方带来的压力（创业宇宙图）
- ☑ 思考其他利益相关方的利益诉求（创业宇宙图）
- ☐ 从对方以往的文案、立场、阐述中挖掘深层原因
- ☐ 预测对方的利益诉求排序

评估对方的机会和风险

- ☑ 对方可以在谈判中运用哪些技能和资源
- ☐ 你认为对方可能缺少哪些技能和资源
- ☐ 评估对方谈判失败时的替代方案
- ☐ 对方可能会使用哪些参数和标准
- ☐ 对方可能会将哪些问题认定为分配问题
- ☐ 对方最感兴趣的交易内容是什么
- ☐ 对方会如何分配优先事项和可量化的"分数"
- ☐ 对方可能会提出什么样的整体方案
- ☐ 对方眼中的短期和长期影响可能有哪些：对协议实质性内容的影响；对其各方合作关系的影响

预估对方最有可能出现的错误

- ☑ 回顾对方以前出现过的错误
- ☐ 思考对方的谈判参与者可能会犯什么错误
- ☐ 列出可能给对方的核心身份、禁忌和不可侵犯的价值带来威胁的因素

对方可能需要或想得到哪些新信息

- ☑ 考虑给他们介绍开放资源
- ☐ 考虑给他们介绍其他相关方
- ☐ 考虑在开会之前给他们发送资料

思考对方可能采用的行动步骤

- ☐ 思考如何以正当理由削弱对方的最佳替代方案和对方实现替代方案的自信
- ☐ 思考如何阻止对方建立制胜联盟或实施拖延措施
- ☐ 思考如何影响对方的智囊团
- ☐ 思考对方可能会以何种方式为行动步骤争取时间

如何清除阻碍对方达成目标的因素

- ☑ 你可以促使对方修改不利于成果实现的替代方案吗
- ☐ 你可以帮对方清除某些限制条件或给对方增加新的限制条件吗

你如何影响对方创造价值的意愿

- ☑ 对方默认或可能选择的谈判场景、参与者、角色、权威机构、流程、议程、时间安排有哪些
- ☐ 预测对方的论据,设想如何反驳他们的论据

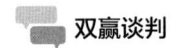

双赢谈判

- [ ] 为对方起草一份胜利宣言（包括利益实现、标准、价值）

练习站在对方的视角进行谈判（角色扮演）

- [ ] 对方听到你的观点之后会有什么样的理解和感受
- [ ] 怎样重新组织信息让对方更容易理解和接受这些观点

附录清单3：从第三者视角开展准备工作

从旁观者视角规避错误

从旁观者的视角进行观察

- ☑ 描述参与方都有谁，他们是什么关系
- ☐ 描述谈判的主题是什么
- ☐ 描述可能受协议影响的是谁
- ☐ 描述如果协议签约失败，可能受影响的是谁

从旁观者的视角评估机会和风险

- ☑ 与谈判关系最密切的客观参数和标准是什么
- ☐ 综合考虑多种观点和偏好
- ☐ 思考谈判所创造的价值可以怎样分配
- ☐ 思考如何综合双方的共同点创造价值
- ☐ 思考如何综合双方的不同点创造价值
- ☐ 思考如何利用双方的不同点，开发价值创造交易内容
- ☐ 思考时间的流逝对于实质利益、合作关系和替代方案会有哪些影响

根据性格和行事风格，预测谈判双方可能出现的错误

- ☑ 缺少共情和理解
- ☐ 实力、信任感和乐观态度方面的不平衡
- ☐ 竞争性"输赢较量"思维模式
- ☐ 容易妥协的思维方式，没有注重如何创造价值

- ☐ 缺少信息或缺乏专业能力
- ☐ 不恰当的沟通方式
- ☐ 缺少有利于实现成果的谈判流程；没有认识到自己存在意识偏差
- ☐ 没有妥善处理自己的情绪

哪些新信息可能对双方都有帮助

- ☑ 考虑开展联合调研

明确相关的谈判阶段性目标和关键谈判流程设计选项

- ☑ 谈判的总体目标
- ☐ 预计达成的最终结果
- ☐ 流程中每个阶段性目标的特定目的
- ☐ 每个阶段性目标的预期有形成果
- ☐ 预测每个步骤要经过哪些权威机构和审核流程
- ☐ 思考所有的流程设计组成部分、各部分的顺序和完成各部分所需的时间
- ☐ 明确日程安排、参与者、谈判地点和时间安排

有没有一个独立第三方可以从旁协助、居中调解或给出公平裁决

- ☑ 帮助双方改善沟通效果
- ☐ 帮助完成建设性的流程设计
- ☐ 作为调解方帮助双方达成协议
- ☐ 在谈判陷入僵局时充当仲裁方
- ☐ 在双方无法达成协议时提出折中解决方案

我的创业谈判自我

这张表可以帮你回答一个重要的问题：

我对自己的认识包含哪些重要元素，这些元素如何体现我的创业者身份？

可以根据表格后的指导性问题和分类方法来填写附表2。

附表2 我的创业谈判自我

我的群体		我的相关认知偏差		
影响我身份认知的群体	该群体带来的优势及其对我的影响	该群体可能会令我产生的认知偏差	该偏差可能会触发别人出现的行为反应	我可以采取的尽量减少负面影响的措施

1. 对我的创业者身份认知影响最大的群体有哪些（选择其中最主要的几个）？

☑ 家庭

☐ 宗族

☐ 民族

☐ 种族

☐ 性别

☐ 宗教派别/宗教团体

☐ 部落

☐ 组织/公司

☐ 专业领域

☐ 专业组织

☐ 等级/头衔

☐ 政治组织

☐ 社会理念团体

☐ 居住的城镇、区域

☐ 校友联合会、俱乐部成员身份

☐ 其他＿＿＿＿＿＿＿

2. 该群体对我有何种影响，影响力大小（判定依据）：

☑ 我与各个群体的联系强弱

☐ 这些群体对我的影响力强弱

☐ 该群体对我有何种影响

相关认知偏差：

针对每一个对我的身份认知有影响的群体

3. 该群体可能会令我产生何种认知偏差？

考虑与以下因素相关的认知偏差：

☑ 行为模式、习俗和仪式

☐ 信念和意识形态

☐ 惯例

☐ 价值观

- □ 该群体对于其他群体的偏见
- □ 刻板印象（其他人对我所在的群体可能抱持的想法和我认为他们通常的想法）
- □ 对于合作关系、创业、领导力和谈判的态度，例如：
  - 个人特性（融入群体还是格格不入）
  - 对群体的忠诚度（高还是低）
  - 唯才是举（倾向高还是低）
  - 甘冒风险（倾向高还是低）
  - 决策制定（高层制定决策还是成员共同决定）
  - 情绪表达（外显还是内隐）
  - 对于守时和最后期限的态度（严守还是随意）
  - 谈判目的（注重协议还是注重关系）
  - 意见交流方式（直接表达还是间接表达）
  - 与权威机构的沟通（坚持个人意见还是态度恭敬）
  - 个人空间和沟通风格（正式还是非正式）

4. 我的每一种认知偏差可能引发谈判另一方出现何种行为？

5. 我可以采取哪些措施来尽量避免我的认知偏差引发负面影响？

双赢谈判

我容易犯的错误

我有时会犯的谈判错误列表

（针对每一种谈判错误，按照附图 3 的样式制作一张卡片）

1. 我会太过以自我为中心。

2. 我会过于乐观和自信。

3. 我只想马上就赢。

4. 我太容易妥协。

5. 我会孤军奋战。

6. 我会执着于讨价还价。

7. 我会过于依赖直觉。

8. 我会否认自己的情绪变化。

9. 其他：＿＿＿＿＿＿＿＿＿＿

创业谈判错误卡
我容易出现＿＿＿＿＿＿＿＿＿＿的错误（错误类型）
当我与＿＿＿＿＿＿＿＿＿＿沟通时（参与者类型）
当我感觉＿＿＿＿＿＿＿＿＿＿时（情境类型）
或者当我受到＿＿＿＿＿＿＿＿＿＿刺激时（触发事件类型）
我可以＿＿＿＿＿＿＿＿＿＿来降低这种影响（行动）

附图 3　创业谈判错误卡

附录清单4：简短汇报指南

每次谈判结束后，回顾整个经过
- **何人**：哪些人参与谈判？代表谁参与谈判
- **问题**：谈判的内容是什么
- **流程**：采用各种谈判流程

描述一件或几件你认为**进展顺利**的事情
- **我**（或**我们**）做的某些事非常顺利
- **对方**做的某些事非常顺利

描述一件你认为当时应该**换种做法**的事情
- **我**（或**我们**）可以换种方法处理的事情
- **对方**可以换种方法处理的事情

总结你学到的一条**经验教训**
- **怎样**才能让谈判进展顺利或有更好的结果，或本次进展顺利的**原因**是什么
- 这次交涉或谈判过程中双方的关系有什么特别之处（而不是你方通常的表现）
- 通常的情况是怎样的

尽量将经验教训广泛应用，同时更新你的**实践理论**

附录清单5：提升我的能力

我一定要提升以下几种商业谈判能力，并且会追踪自己的整个学习过程。我会详细记录下特定学习活动的时间以及学习的成效。

1. 倾听

- ☑ 我会和同事一起练习主动倾听能力，并记录下当时的学习结果。
- ☐ 我会在日常生活（工作/非工作活动）中练习主动倾听，并以书面形式记录自己的体验，或与同事分享自己的体验。
- ☐ 我会接受特定的倾听训练。

2. 头脑风暴和创造性整体方案

- ☑ 我会和同事一起练习通过头脑风暴挖掘谈判选项，并记录下当时的学习结果。
- ☐ 我会和同事一起练习制定创造性整体方案和多个等效同时要约，并记录下当时的学习结果。
- ☐ 我会和同事或指导者一起进行一次模拟，鼓励开展头脑风暴和提供多种整体方案。

3. 变换视角和角色扮演

- ☑ 我会设想一个与我存在某种矛盾（比如即将开始谈判）的**对方**，并从**第一视角**（将自己放在对方立场上）为其**撰写**文案，借此练习视角的转换。我会尽量详细记录其中牵涉到的事实问题、引起的情绪影响、双方的

附录

文化背景和道德价值观。

- [ ] 我会选择**两个**存在某种矛盾的**对立方**（我至少认识其中一方），使用主动倾听策略采访他们对于当时情况的感想，然后从**第一视角**为两方分别**撰写**文案（将自己放在当事人立场上），借此练习视角的转换。我会尽量详细记录其中牵涉到的事实问题、引起的情绪影响、双方的文化背景和道德价值观。

- [ ] 我会选择**两个**存在某种矛盾的**对立方**（我至少认识其中一方），然后从**第三方视角**为两方分别撰写文案（将自己放在旁观者立场上）。我会尽量详细记录其中牵涉到的事实问题、引起的情绪影响、双方的文化背景和道德价值观。

- [ ] 我会从**身边**的人中选择一个与我存在某种矛盾（比如即将开始谈判）的**对方**，然后从**第三方视角**（将自己放在旁观者立场上）**撰写**文案。我会尽量详细记录其中牵涉到的事实问题、引起的情绪影响、双方的文化背景和道德价值观。

- [ ] 我会从**身边**的人中选择一个与我存在某种矛盾（比如即将开始谈判）的**对方**，然后我会**从三个不同视角**（我自己、对方和第三方）填写**谈判准备表**。

- [ ] 我会从**身边**的人中选择一个与我存在某种矛盾（比如即将开始谈判）的**对方**，然后我会站在不同角色的视角（对方、对方代理、对方智囊团、第三方旁听者）

> 305 <

与我的同事或指导者一起进行**角色扮演**。

☐ 我会与同事分别扮演谈判中的两方，共同开展**谈判模拟**，然后再一起进行总结。

4. 情境描述

☑ 我会提升自己在描述两方（或多方）情绪变化和关系状态时的专业水平。我会旁听或者观看一场实际谈判，并记录下自己看到或感受到的情绪变化。

5. 谈判风格和谈判方式

☑ 我会尝试不同的谈判风格和使用不同的谈判方式。例如，我会组织一次角色扮演模拟谈判，为我的练习伙伴或指导者提供必要的背景信息，让他们扮演谈判另一方的某个角色。我会尝试特定的方式，再与同伴一起进行总结。然后我会采用不同的措施再次进行角色扮演，最后用短句（尽量简短地）描述我观察到的谈判模式：

我将这种模式称为＿＿＿＿＿＿＿＿＿＿：

该模式的经过是，最初谈判者 A 采用＿＿＿＿＿＿风格且＿＿＿＿＿＿（描述这种手段、用词或行动）。

然后，B 感觉＿＿＿＿＿＿，采用＿＿＿＿＿＿风格，然后＿＿＿＿＿＿（行动）。

然后，A 感觉＿＿＿＿＿＿，采用＿＿＿＿＿＿风格，然后＿＿＿＿＿＿（行动）。

然后，B 感觉＿＿＿＿＿＿，采用＿＿＿＿＿＿风格，然后_____（行动）。

……

最后，A 感觉_____，认为_____并采取了_____行动，

同时 B 感觉_____，认为_____并采取了_____行动。

☐ 我会练习不同的开场方式，练习对方采取激进措施（例如锚定、首份条款说明书条件强硬、表现出愤怒、发出最后通牒、要求相互信息共享不断增加等）时的不同应对方式。

☐ 我会通过谈判模拟练习多种谈判风格（竞争型、回避型、快速妥协型、调解型、问题解决领袖型等）

☐ 我会找机会以旁观者或助理的身份参加真实的谈判，并在谈判中观察其他人，或许还可以参加或旁观他们的谈判总结环节。

☐ 我会找机会在工作/社区的一些低风险谈判中承担部分责任，磨炼自己的技能。

6. 情绪控制和高难度对话

☑ 我会在一次真实谈判结束后详细描述自己的情绪和生理反应。可能的情况下，我会尝试将我的观察结果与另外一位旁观者或与会者的观察结果进行对比。

☐ 我会以书面形式记录自己在日常情境中面对情绪挑战时的处理方式。

双赢谈判

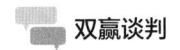

☐ 我会组织一次感知练习,也就是要求一位同事向我提出难以回答的问题或者对我说出难以应对的表述(例如指责、竖起高墙、威胁、人身攻击等)。我的任务并不是回应,而是密切关注自己的情绪和生理反应,并将其描述出来。

☐ 我会组织一次完整的模拟谈判,练习如何应对高难度策略、难对付的谈判对手和高难度对话。

7. 流程管理和设计

☑ 我会提升自己的能力,更加专业地描述两方(或多方)实际谈判的流程设计元素。我会旁听或观摩实际流程设计时如何进行阐述,如何确定选项或过渡方式。我会记录下自己学到的知识。

附录清单6：充实我的个人实践理论

创业者一定要不断充实自己的商业谈判实践理论。我的实践理论内容包括我在实际谈判的关键时刻需要提醒自己的既定原则，其中包含各种不同情况下，策略和实践两方面的注意事项。我的个人实践理论可以帮我更好地理解实际发生的情况，帮我根据自己所处的境况选择不同的经验法则、原则或适当的优先事项，并妥善加以运用。

以下分类列表可以帮我记录自己当时运用的理论（而不是我事先制定的规范理论）。我希望自己未来可以将整套实践理论融会贯通并加以灵活运用。

实践理论小贴士

具体到特定的参与者类型
- 外部支持者
- 内部支持者
- 内部前线人员
- 局外人

具体到谈判中的特定因素
- **利益诉求**：透过立场和阐述发掘其深层欲望、需求和恐惧
- **复杂性**：尊重不同人对具体事实和阐述的不同看法，以及深层次的科学和技术考虑因素

- **不确定性**：分析各种不同的情况、预测、机会和风险
- **合作关系**：理解不同观点和沟通模式所造成的不同影响
- **情绪**：理解文化和身份的影响
- **替代方案**：充分利用无交易退出模式的影响力
- **智囊团**：全面考虑委托方与代理方之间的相互影响和相关各方的动态变化
- **联盟**：将影响者、阻碍者和第三方的联系人进行排序

具体到特定的谈判流程元素

营造合作的氛围

- 与另一方建立**关系纽带**：通过交流、倾听和头脑风暴
- 发挥创造力**制定创新方案**
- 针对行为、衡量指标和公平性建立**常规原则**和期望

问题解决，执行和协调下一步措施：

- **克服**价值观和优先事项方面的不同看法**达成交易**
- **解决**分配问题或流程争议
- **制定整体方案**，编写论据和交易条款
- **发掘**或有事项，并编写成相应的"如果……那么"条款
- **协调后续**步骤的沟通事宜和阶段性目标

具体到谈判中容易出现的特定错误

- **规避**错误的出现
- 在错误发生（或即将发生）时及时**发现**和加以**应对**

- 谈判结束后要进行**反思**

实践理论小贴士：

_____

_____

_____

添加日期和地点：_____

活动依据：_____

致　谢

在我们看来，创业是一种团队活动。我们身边有很多具有创新精神、企业家精神和合作精神的同仁，没有他们的支持，我们根本无法完成这本书。书中的内容主要基于我们两人的经验。我们希望可以通过这本书帮助读者更加顺利地完成合作创新，但是我们并不想在书中过多地谈论自己，而是希望经验丰富的企业家可以在书中分享自己最艰难的经历，尤其是自己犯过的各种错误，因此，我们感到非常幸运，能够找到这么多成功人士，他们真诚地讲述自己的失误，以及从中吸取到的教训。为此，我们要在这里向他们表示感谢，同时也要向各位愿意分享自己的观点并为我们的想法提供意见的同仁表示感谢。我们在此非常荣幸地将整个团队合作的成果呈现给广大读者。

在理论和研究方面，我们要真诚地感谢众多学者、思想领袖和研究人员，感谢他们允许我们引述相关研究成果或参与他们的研究工作。其中对我们帮助最大的是哈佛大学、麻省理工学院和塔夫茨大学下属谈判项目和行政领导层的几位友人，包括罗伯特·芒金、古汉·萨布拉玛尼（Guhan Subramanian）等。我们会尽量客观、精简地按照自己的理解记述受访对象讲述的经历，如果中间出现任何的错误或遗漏，请大家多多包涵。另外还有几位朋友和同事为我们提供了书稿撰写方面的指

致谢

导和书稿的修改意见，并为我们介绍相关领域的作家和企业家，这些人包括希拉·汉、道格拉斯·斯通（Douglas Stone）等。

在实践方面，很多企业家和高级主管给我们提供了灵感和学习的对象。多年以来，我们与各种各样的人有过合作，经历了创业过程中的起起落落，与其他人一起面对不确定性、复杂性、人际关系和情绪变化带来的各种问题。有些时候我们与这些人站在同一阵线上；还有些时候，对手的经历也能给我们提供宝贵的经验教训。在此要特别感谢几位愿意面对镜头接受我们采访的企业家，包括乔尔·波尼亚克（Joel Berniac）、斯蒂芬·博耶（Stephen Boyer）。

书稿完成之后还要开展大量的推广工作。在图书出版方面，我们要感谢汤姆·亚当斯（Tom Adams）、西加尔·丁纳尔（Sigal Dinnar）在内的帕尔格雷夫·麦克米伦（Palgrave Macmillan）团队。

最后，每一位企业家都离不开家人的鼎力支持。我们希望借此机会感谢我们所爱的人，包括丁纳尔和萨斯坎德两个家族的成员，值得一提的是，其中不少成员也是企业家。

如果你选择阅读这本书，那么你很可能是一位关爱他人且乐于学习的人。我们希望这本书可以帮助各位做出更大的贡献，在你成长的过程中，以及遭遇困境的时候，帮你搭建起不同文化、企业和个人之间的桥梁。

塞缪尔·丁纳尔

劳伦斯·萨斯坎德

作者简介

塞缪尔·丁纳尔身兼调停人、咨询顾问和董事会顾问等多种职位，积累了超过 25 年的创始人、高层管理人员、董事会成员和风险投资人等国际性商业经验。他是哈佛大学法学院谈判项目的导师，也是哈佛谈判院系的争议解决课程讲师，在参与国际谈判项目的过程中，负责为全球各地的高层管理人员讲授课程，同时还兼任麻省理工学院科学影响合作项目的助理研究员。丁纳尔是 Meedance 公司[①]的创始人兼总裁，负责为客户提供谈判、培训和争议解决方面的服务，帮助企业改善经营状况和人际关系。他曾经帮助初创阶段、高速增长阶段和瓶颈阶段等各类企业解决创始人、投资人和董事会成员之间的情绪矛盾，其中一些商业争议和合同争议标的高达数千万美元。丁纳尔在高科技和航空航天领域积累了 20 多年的综合管理、战略发展和运营团队领导经验，其中有两家初创企业的业务范围遍及各大洲，给相关行业带来了巨大的变化。

劳伦斯·萨斯坎德是麻省理工学院城市与环境规划专业的福特教授，同时兼任麻省理工学院科学影响合作项目主任。

---

① Meedance 公司是一家为企业、投资者、非营利组织和个人提供战略、风险和谈判咨询方面的增值管理领导和服务工作。——编者注

他是一位经验丰富的调停人和谈判培训者，曾经在 30 多个国家和地区开展过工作。他是哈佛法学院跨院校谈判项目的联合创始人，已经为此工作了 30 多年时间，致力于完善谈判和争议解决方面的理论和实践。他也是哈佛大学法学院跨院校谈判项目的教学副主任，还是麻省—哈佛公共争议解决课程的负责人。萨斯坎德是"商业谈判：麻省理工谈判方法"的课程设计者和讲师，授课对象包括麻省理工学院的本科生和研究生。为了提供调停服务，帮助全球各地的客户解决最棘手的资源管理争议问题，他建立了共识创建研究院（Consensus Building Institute）。萨斯坎德解决过复杂的土地和水资源使用权限争议，为 50 多家公司提供过咨询服务，在监管谈判方面的经验尤其丰富；他在全球各地讲授高级谈判培训课程，参加过其课程的学生和高级管理人员已经超过了 3 万人；他为多个国家的最高法院担任过顾问，并且出版了 20 本著作。

★ ★ ★ 博恩·崔西系列 ★ ★ ★

★ ★ ★ 企业发展系列 ★ ★ ★